Sofort besser führen

16 Verhaltensweisen, mit denen jede
Führungskraft sofort besser führen kann

Die Geschenkausgabe für jede Chefin und
jeden Chef

von Friedrich-Carl Sass

Erschienen im November 2017 • Erste Auflage

Paperback

ISBN 9783744882088

Herstellung und Verlag: BoD - Books on Demand,
Norderstedt

Einleitung

Sofort besser führen - geht das? Klar geht das. Erfolgreiche Führung besteht aus bestimmten Verhaltensweisen. Sie müssen kein anderer Mensch werden. Sie müssen es einfach nur machen. Dieses Buch wird Sie dabei unterstützen.

Wo ist die Chance für Sie?

Sie sind Führungskraft? Sie wollen sich entwickeln? Dann habe ich eine gute Nachricht für Sie: Da liegt eine Riesenchance vor Ihnen. Führung gehört nicht zu den Kernkompetenzen in Deutschland. Vielleicht wundert Sie das. Die Erkenntnisse sind eindeutig (mehr dazu unter sofort-besser-fuehren.de/ewcs). An dieser Stelle geht es nicht um Deutschland. Es geht um Sie. Schon mit einer sehr begrenzten Investition in sich selber sind Sie fähiger und erfolgreicher als die meisten Führungskräfte hierzulande. Das ist Ihre Chance!

Sie glauben nicht an Wunder?

Das ist gut so! Glauben Sie an sich! Investieren Sie einen Teil Ihrer Aufmerksamkeit in Ihre eigene Entwicklung! Dieses Buch wird Sie dabei unterstützen.

Sie haben wenig Zeit?

Dann ist es für Sie besonders wichtig, die richtigen Dinge zu tun. Nicht härter arbeiten, sondern smarter. Besser führen ist super-smart: Mit kleinen Investitionen in sich selber sparen Sie sich eine Menge Ärger und sind auch noch erfolgreicher.

„Besser führen" – was genau ist mit „besser" gemeint?

Als Führungskraft ist es Ihre Aufgabe, Ihre Mitarbeiterinnen und Mitarbeiter zum Erfolg zu führen. Dafür reicht es nicht, wenn alle körperlich anwesend sind. Engagement ist vor allem Ergebnis einer gelingenden Führungsbeziehung. Die gründet sich auf wechselseitiges Vertrauen, ein anspruchsvolles Verständnis der Aufgaben und Unterstützung in der persönlichen Entwicklung. Wo gut geführt wird, gibt es weniger Fluktuation, die Mitarbeiterinnen und Mitarbeiter sind zufriedener und gesünder und – natürlich - die wirtschaftlichen Resultate sind nachhaltiger. Und die Chefinnen und Chefs sind erfolgreicher!

„Besser führen" - braucht man da nicht „Chef-Gene", einschlägiges Talent?

Es gibt viele Wege zum Führungserfolg, so wie kleine Kinder ganz verschiedene Wege finden, laufen zu lernen. Entscheidend ist letztlich nicht, ob Sie dieses oder jenes Talent mitbringen, sondern was Sie daraus machen. Dabei wird Sie dieses Buch unterstützen.

Was heißt hier sofort? Braucht es nicht jahrelange Erfahrung, um eine gute Führungskraft zu werden?

Erfahrung braucht Zeit, gewiss. In der Zwischenzeit können Sie besser führen, wenn Sie sofort bestimmte Verhaltensweisen anwenden. Damit können Sie heute starten und Sie werden damit auch sofort Wirkung erzielen.

Was ist, wenn Sie schon lange Führungskraft sind?

Herzlich willkommen! Egal wie lange Sie schon führen – die meisten können noch einiges besser machen. Und es gibt keinen Grund, damit nicht sofort zu beginnen.

Was ist mit der Theorie?

Das hier ist ein Buch für Praktiker. Wer Theorien über Führung lesen möchte, mag woanders suchen oder auf mein nächstes Buch warten. Alle hier empfohlenen Verhaltensweisen als Führungskraft können Sie sofort anwenden. Damit werden Sie mit der gleichen Energie mehr erreichen und erfolgreicher sein!

Kann man sowas aus einem Buch lernen?

Aus diesem Buch können Sie als Führungskraft einfache, entscheidende Hinweise mitnehmen. Die anschließende Herausforderung lautet: Setzen Sie Ihre Einsichten in der Praxis um. Das müssen Sie selber erledigen. Das Buch wird Sie unterstützen, sich auf den für Sie sinnvollsten nächsten Schritt zu fokussieren.

Wer mehr Unterstützung möchte, findet sie ab 2018 mit dem Online-Kurs „Sofort besser führen" unter sofort-besser-fuehren.de.

- Der Kurs wird Sie unterstützen, sich auf die je nächste Herausforderung zu fokussieren.

- Sie profitieren vom Austausch und gemeinsamer Reflektion mit Lernpartnern mit gleichen Lernzielen.
- Sie haben Gelegenheit zur Teilnahme an Gruppen-Coaching-Sessions mit mir oder einem anderen erfahrenen Führungstrainer.

Schauen Sie gleich mal vorbei unter *sofort-besser-fuehren.de* !

Wie mit dem Buch arbeiten?

Das Entscheidende ist nicht, das Buch zu lesen, sondern danach die Praxisaufgaben anzupacken.

Beginnen Sie auf jeden Fall mit der Feedback-Herausforderung im ersten Kapitel. Feedback ändert alles!

Anschließend suchen Sie sich jede Woche ein Kapitel raus, das für Sie relevant ist und machen die Praxisaufgabe. Beginnen Sie mit Themen, die Ihnen leichtfallen und bei denen Sie Verbesserungspotential haben. Sie werden den Erfolg schnell merken und das wird Sie beflügeln für die nächsten Schritte!

Dafür wünsche ich Ihnen Glück, Erfolg und viel Freude bei Ihren verantwortungsvollen Aufgaben!

Köln, im November 2017

Friedrich-Carl Sass

Inhalt

Holen Sie sich Feedback

Feedback macht den Unterschied. Das Feedback Ihrer Mitarbeiterinnen und Mitarbeiter sagt Ihnen, was dort tatsächlich ankommt und wie Sie mit Ihrem derzeitigen Führungsverhalten wirken. Keine eigene Menschenkenntnis und noch so reflektierte Interpretation des Mitarbeiterverhaltens kann die authentische Äußerung aus dem Munde der Menschen ersetzen. Wenn die Mitarbeiterin bzw. der Mitarbeiter Ihnen mitteilt, wie es ihr oder ihm mit Ihrem Führungsverhalten geht, handelt es sich nicht nur um eine Selbsterklärung. Sie und ihre Feedbackgeber wenden einander und der Beziehung zueinander Aufmerksamkeit zu. Und noch mehr: Sie als Führungskraft zeigen Vertrauen und Wertschätzung, wenn Sie sich dem Feedback aussetzen.

Kann es Ihre Position untergraben, wenn Sie Mitarbeiterinnen und Mitarbeiter um Feedback bitten?

Viele Führungskräfte haben keine Erfahrung mit Feedback und haben Angst davor. Sie müssen ja damit rechnen, auch Kritik zu hören zu bekommen. Wie sollen Sie damit umgehen, wenn Mitarbeiterinnen und Mitarbeiter Ihnen ihre Kritik ganz ordentlich aufs Brot schmieren? Solche Ängste sind verständlich, wenn Sie keine Erfahrung mit Feedback haben. Aber es hilft nichts: Als Führungskraft im 21. Jahrhundert müssen Sie darüber hinwegkommen und lernen, auch Kritik souverän aufzunehmen. Und es geht eigentlich ganz einfach und wird im Ergebnis Ihre Beziehung zu Ihren Mitarbeiterinnen und Mitarbeitern entscheidend festigen.

Zuerst das Selbstbild klären

Bevor Sie sich dem Feedback anderer aussetzen, klären Sie bitte die eigene Wahrnehmung Ihres Führungsverhaltens. Einen guten Fragebogen dafür finden Sie im Internet unter *sofort-besser-fuehren.de/herausforderung_feedback/*. Die Fragen werden Ihnen erste Hinweise auf Stärken und Schwächen Ihres aktuellen Führungsverhaltens geben. An welchen Punkten würden Sie sich gerne verbessern? Nehmen Sie das entsprechende Kapitel dieses Buches zur Hand und legen Sie los!

Systematisches Feedback-Gespräch

Wählen Sie als Ihren ersten Feedback-Geber jemand aus Ihren fähigsten und motiviertesten Mitarbeiterinnen und Mitarbeitern aus. Bitten Sie den vorgesehenen Feedbackgeber, zur Gesprächsvorbereitung den oben bereits angesprochenen Fragebogen unter *sofort-besser-fuehren.de/ herausforderung_feedback/* durchzugehen, um Ihnen zu den einzelnen Fragen ein Feedback zu geben. Gehen Sie im Gespräch gemeinsam Punkt für Punkt den Fragebogen durch. Hören Sie aktiv zu. Rechtfertigen Sie sich nicht bei Kritik. Ihr

Ziel in dem Moment ist, zu verstehen, wie die Mitarbeiterin bzw. der Mitarbeiter Sie und Ihr Führungsverhalten wahrnimmt und was das bei ihr bzw. ihm auslöst. Machen Sie sich während des Gesprächs Notizen. Bedanken Sie sich für das erhaltene Feedback (auch dann, wenn es Ihnen nicht so schmecken sollte).

Was ist, wenn die Mitarbeiterin bzw. der Mitarbeiter Sie hart, aber sachlich kritisiert?

Hören Sie aktiv zu und bemühen Sie sich, die Kritik genau zu verstehen. Bedanken Sie sich für die Kritik. Sie können auch sagen: „Das ist für mich wirklich überraschend zu hören. Ich werde darüber nachdenken." Vermeiden Sie es, sich zu rechtfertigen oder Besserung zu geloben. Was Sie aus der Kritik lernen möchten, können Sie sich im Nachgang in Ruhe und mit etwas Abstand überlegen und entscheiden.

Was ist, wenn die Mitarbeiterin bzw. der Mitarbeiter Sie in persönlich respektloser Weise kritisiert?

Lassen Sie das nicht zu: „Stopp! Ihre kritischen Wahrnehmungen höre ich mir gerne an. Das ist für mich wichtig zu wissen. Aber ich erwarte, dass Sie sich in respektvoller Weise artikulieren und wir hier in wechselseitigem Respekt miteinander reden! Können wir uns darauf verständigen?" Wenn das nicht reicht, brechen Sie das Gespräch ab. In der Praxis wird Ihnen so etwas aber fast nie begegnen.

Was ist, wenn die Mitarbeiterin bzw. der Mitarbeiter über bestimmte Zusammenhänge unzureichend informiert ist und daraus zu Ihren Lasten falsche Schlüsse zieht?

Das ist auch Feedback. Sie kennen nun diese Interpretation, die vermutlich noch andere Mitarbeiter teilen. Wenn das für Sie von Bedeutung für die Zukunft ist, überlegen Sie sich, wie Sie diese Wahrnehmungen korrigieren möchten. Und überlegen Sie sich auf jeden Fall, durch welches Informationsverhalten Sie solche Fehlwahrnehmungen in der Zukunft vermeiden wollen.

Was ist, wenn die Mitarbeiterin bzw. der Mitarbeiter die Sprache auf andere Kollegen bringt?

Gegenstand des Feedbacks ist Ihr Verhalten gegenüber dem Gesprächspartner und in der „Teamöffentlichkeit". Nichtanwesende Kolleginnen und Kollegen und Ihre Beziehung zu denen sind nicht Thema. Solche Abwege des Gesprächs stoppen Sie umgehend und lenken wieder in die richtige Richtung!

Nachbereitung

Nach dem Feedback gleichen Sie die Wahrnehmungen Ihres Gesprächspartners mit Ihrem Selbstbild ab.
- Wo unterscheiden sich die Wahrnehmungen?

- Welche Veränderungen Ihres Führungsverhaltens würden die Mitarbeiterin bzw. den Mitarbeiter jetzt am meisten unterstützen?
- Entscheiden Sie sich für einen einzigen Punkt, mit dem Sie beginnen wollen. Nehmen Sie sich das entsprechende Kapitel dieses Buches vor und planen Sie Ihr Vorgehen. Dann setzen Sie es entschlossen um.

Wenn Sie sicher sind, in diesem Punkt Ihr Führungsverhalten verbessert zu haben, verifizieren Sie das durch MitarbeiterInnen-Feedback, gerne auch von der gleichen Person.

Feedback für Fortgeschrittene

Manche Unternehmen lassen die Mitarbeiterinnen und Mitarbeiter das Führungsverhalten ihrer direkten Vorgesetzten beurteilen. Die Führungskräfte und das Team erhalten dann eine anonyme Zusammenfassung des so gewonnenen persönlichen Feedbacks, das in einer professionell moderierten Teambesprechung diskutiert wird. Sich vor dem Team der Kritik zu stellen, ist eine Herausforderung. Die Stärken und Schwächen der Führungskräfte werden überall von den Mitarbeiterinnen und Mitarbeitern genau notiert und diskutiert – in der Regel aber hinter dem Rücken der Betroffenen. Ein Gespräch darüber in der „Teamöffentlichkeit" bringt eine andere Qualität der Verbindlichkeit in die Führungsbeziehung. Die Führungskraft ist dann gezwungen, auf die Bedürfnisse des Teams irgendwie einzugehen und kann dann nicht mehr alleine entscheiden, an welcher Stelle sie sich entwickeln möchte. Das ist unbequem, aber im Ergebnis äußerst hilfreich. Ihr souveräner Umgang mit Kritik des Teams wird im Übrigen mit viel Respekt vermerkt werden. Also keine Angst vor einem professionell moderierten Teamfeedback!

Wann Sie sonst noch Feedback einholen

Machen Sie es sich zur Gewohnheit, Mitarbeiterinnen und Mitarbeiter nach Ihrer Wahrnehmung zu fragen:

- Nach einem Mitarbeitergespräch stellen Sie eine offene Frage: „War das Gespräch so für Sie okay?".
- Nach einer Besprechung machen Sie ein kurzes Blitzlicht (jeder Teilnehmer hat einen Satz, um den aus seiner Sicht wichtigsten Aspekt beizutragen): „Was war gut am Ablauf dieser Besprechung?"
- Nach einem Kundentermin: „Was war gut und was können wir nächstes Mal besser machen?"

Schenken Sie Ihren Mitarbeiterinnen und Mitarbeitern Aufmerksamkeit

Menschen sind soziale Wesen und keine Maschinen. Wir alle brauchen die Wahrnehmung und Rückmeldung der Anderen um uns. Insbesondere von den „Mächtigen" in unserem Arbeitsumfeld, den Chefinnen und Chefs, möchten wir als menschliche Personen wahrgenommen werden. Sich wechselseitig wahrzunehmen, das kann man so beschreiben: „Ich sehe dich und ich sehe, dass du mich siehst und bemerkst, dass ich dich sehe". Die Führungskraft ist gegenüber dem Mitarbeiter in der stärkeren Position und muss als Vorbild vorangehen und die Mitarbeiterin bzw. den Mitarbeiter Wahrnehmung aktiv spüren lassen.

Mangelnde Aufmerksamkeit demotiviert

Mangelnde Aufmerksamkeit der Führungskraft wirkt massiv demotivierend. Das führt zu spürbaren Leistungsrückgängen und auf die Dauer zu Fluktuation oder Flucht in die Krankheit.

Alle Ihre Gespräche mit Mitarbeiterinnen und Mitarbeitern lassen sich mit geringer zeitlicher Investition und etwas Einsatz persönlicher gestalten. Die vermeintlich „verplemperte" Zeit ist schnell wieder reingeholt, wenn in einer guten persönlichen Atmosphäre die Sachthemen störungsfrei behandelt werden können.

Zeigen Sie Interesse an der Person

Die einfachste Weise, Interesse zu zeigen ist es, Fragen zu stellen. Fragen Sie die Mitarbeiterin bzw. den Mitarbeiter, wie es ihr bzw. ihr ihm geht. Was macht die Familie, die Kinder, die Oma, der Hund, das Ferienhaus? Und wie war das Wochenende, der Urlaub, die Konfirmationsfeier? Ist beim TÜV alles glattgegangen? Und wo kommen Sie eigentlich her, wo sind Sie aufgewachsen, wo haben Sie Ihre Ausbildung gemacht, Ihren Lebenspartner kennen gelernt? Wie kam es, dass Sie sich nach der Ausbildung für diese Firma entschieden haben? Was machen Sie gerne in Ihrer Freizeit? Welche Musik hören Sie gerne?

Mit solchen und ähnlichen Fragen erfahren Sie, was Sie wissen sollten, um Ihre Mitarbeiter persönlich zu kennen, ohne ihnen zu nahe zu treten. Vermeiden Sie dabei Themen, die allzu strittige Leidenschaften oder Peinlichkeiten wecken können, wie Politik, Religion und Sex. Manche Menschen möchten auch lieber nicht mit ihrer Führungskraft über ihre Gesundheit reden.

Außer mit Fragen regen Sie Ihre Gesprächspartner auch mit eigenen persönlichen Statements an, ihrerseits etwas über sich mitzuteilen. Achten Sie darauf, dass die Gesprächsanteile in diesen Momenten gefühlt zu etwa 60% beim Gesprächspartner liegen. Vermeiden Sie, Ihre Mitarbeiterinnen und Mitarbeiter mit allzu persönlichen Mitteilungen und Ansichten zu bedrängen, etwa mit Informationen zu Ihrem Sexualleben oder Ihren politischen Ansichten.

Mit diesen Verhaltensweisen erweisen Sie Aufmerksamkeit:

- Begrüßen Sie Mitarbeiterinnen und Mitarbeiter mit Namen und bei Terminen mit Handschlag.
- Begrüßen Sie neue Mitarbeiterinnen und Mitarbeiter bei deren erstem Teammeeting und geben ihnen Gelegenheit, sich vorzustellen.
- Nutzen Sie jede Gelegenheit, ein paar persönliche Worte zu wechseln. Interessieren Sie sich für die persönlichen Umstände, Eigenheiten und Vorlieben. Zeigen Sie dabei aber Taktgefühl und kommen niemandem zu nahe.
- Gratulieren Sie Mitarbeiterinnen und Mitarbeitern stets zum Geburtstag. Führen Sie dazu eine Geburtstagsliste oder tragen Sie die Geburtstage ihrer Mitarbeiter in Ihrem Terminkalender ein.
- Unterstützen Sie Mitarbeiterinnen und Mitarbeiter in schwierigen persönlichen Situationen, beispielsweise eine Ehescheidung oder eine schwere Krankheit von nahen Angehörigen, emotional mit Zuspruch und wenn erforderlich auch mit vorübergehender Arbeitsentlastung. Zeigen Sie Ihr Mitgefühl, wenn jemand einen nahen Angehörigen verliert.
- Finden Sie auch außerhalb der „offiziellen" Gespräche kleine Zeitscheiben, mit Mitarbeiterinnen und Mitarbeitern unter vier Augen zu sprechen. Dabei kann es durchaus um dienstliche Themen gehen. Wichtig ist, dass die Mitarbeiterinnen und Mitarbeiter von Zeit zu Zeit erleben, dass Sie mit ihnen ganz persönlich kommunizieren.

Dafür haben Sie keine Zeit?

Ich dachte, Sie sind Führungskraft! Wenn Sie keinen Spaß daran haben, mit Ihren Mitarbeiterinnen und Mitarbeitern zu sprechen, sollten Sie nochmal überlegen, ob Sie wirklich führen wollen. Und wenn die Antwort „ja" lautet: Dann machen Sie es bitte auch!

Wer die schädlichen Folgen mangelnder Aufmerksamkeit erkannt hat, wird einen Weg finden, auch mit wenig zeitlichem Aufwand den Mitarbeiterinnen und Mitarbeitern etwas persönliche Aufmerksamkeit zu schenken. Und es macht auch mehr Freude, mit den Kolleginnen und Kollegen einen persönlichen Draht zu haben. Führungskräfte sind auch Menschen!

Praxisaufgabe 1:

Wie steht es um Ihre Kontaktdichte mit den einzelnen Mitarbeiterinnen und Mitarbeitern? Gehen Sie die Liste durch:
- Wann haben Sie wen zum letzten Mal gesehen?
- Wen sehen Sie selten im Rahmen der normalen Arbeitstätigkeit?
- Was wissen Sie über die einzelnen Personen? Herkunftsregion, soziale Herkunft, Ausbildung, Laufbahn, Familienstand, Kinder, Enkel, Hobbies und persönliche Interessen, Haustiere? Erstellen Sie eine kleine Liste Ihrer Wissenslücken. Finden Sie in den nächsten 2-3 Wochen Wege, diese Lücken zu

schließen. Setzen Sie sich in Ihrem Planungstool dafür eine Aufgabe.

- Nutzen Sie nun das Wissen über die persönlichen Umstände. Sprechen Sie die Mitarbeiterinnen und Mitarbeiter aktiv darauf an:
    - „Na, geht´s Ihrem Sohn wieder besser?",
    - „Muss für Sie ja gerade hart sein, die Zeit mit dem HSV."
    - „Ich habe gehört, Sie mussten Ihren Hund einschläfern lassen. Das ist ja traurig!"

Machen Sie es sich zur Regel: Bei jedem Gespräch mindestens eine persönliche Frage oder Bemerkung. Nie mehr „unpersönliche" Gespräche!

Praxisaufgabe 2:

Finden Sie einen Weg, wie Ihr Computer oder Ihre Assistenzkraft Sie zuverlässig gleich morgens daran erinnern, wenn eine Mitarbeiterin oder ein Mitarbeiter Geburtstag hat. Eine einfache Lösung besteht zum Beispiel darin, die Geburtstage in Ihrem elektronischen Kalender zu erfassen.

Gratulieren Sie gleich morgens als erstes. Im Lauf des Tages ist Ihre Aufmerksamkeit mit anderen Dingen beansprucht und Sie könnten den Geburtstag leicht vergessen.

Wann ist der nächste Geburtstag einer Mitarbeiterin oder eines Mitarbeiters? Tragen Sie sich den Termin ein: 09:00 Mitarbeiter XY Geburtstag. Nutzen Sie die Gratulation für ein paar persönliche Fragen oder Bemerkungen – siehe oben!

Schenken Sie Vertrauen

Führung ist eine Beziehung zwischen Menschen. Erfolgreiche Zusammenarbeit erfordert Vertrauen. Ein vertrauensvolles Umfeld ermöglicht den Menschen, ihre Energie uneingeschränkt in ihren eigenen Leistungsbeitrag investieren, ohne sich von der Sorge um Kritik, Fahrlässigkeit oder gar Böswilligkeit anderer ablenken zu lassen. Misstrauen dagegen löst Selbstschutzmaßnahmen aus, die Energie zehren und die Kooperation blockieren.

Ohne Vertrauen sind dauerhafte, gar außerordentliche Erfolge nicht zu erwarten. Damit Vertrauen schnell entstehen kann, ist ein bewusster und deutlich spürbarer Vertrauensvorschuss der Führungskraft erforderlich. Vertrauen ist mehr als ein soziales „Schmiermittel". Ihr Vertrauen verpflichtet die Mitarbeiterinnen und Mitarbeiter, ihr Bestes zu geben. Auch deshalb sollen Sie damit nicht geizen!

Misstrauen kostet Arbeitsleistung und Motivation

Spürbares Misstrauen der Führungskraft wirkt massiv demotivierend. Auch eine neutrale, abwartende Haltung der Führungskraft wirkt verunsichernd. Statt den Arbeitsaufgaben wenden die Mitarbeiterinnen und Mitarbeiter dann einen erheblichen Teil ihrer Aufmerksamkeit der anscheinend unsicheren Beziehung zur Führungskraft zu. Das mindert die Arbeitsleistung und Motivation.

Vertrauen bewusst schenken

Besonders bei neuen Mitarbeiterinnen und Mitarbeitern ist es wichtig, Vertrauen bewusst zu schenken. Erklären Sie neuen Kolleginnen und Kollegen ganz offen: „Sie wollen hier arbeiten und erfolgreich sein und ich will mit Ihnen erfolgreich sein. Deshalb habe ich mich entschieden, Ihnen zu vertrauen. Alles andere bringt nichts. Ich bin sicher, dass Sie mein Vertrauen nicht enttäuschen werden!"

Ähnlich, wenn Sie eine neue Stelle antreten: „Meine Damen und Herren, ein Wort noch zu unserer neuen Zusammenarbeit. Sie alle sind schon länger hier als ich und kennen den Laden ganz gut. Deshalb habe ich mich entschieden, Ihnen zu vertrauen. Ich gehe davon aus, dass Sie Ihr Geschäft kennen und im täglichen Tun das Beste für die Firma erzielen wollen. Wenn ich im Einzelfall einmal feststellen sollte, dass das nicht der Fall ist, werde ich darauf reagieren. Aber ich bin sicher, dass sowas die Ausnahme sein wird und wünsche mir eine von Anfang an vertrauensvolle Zusammenarbeit und freue mich darauf!"

Immer wenn Sie eine Entscheidung treffen, können Sie denen, die Ihnen zu der konkreten Lösung zugeraten haben, verdeutlichen, dass Sie im Vertrauen auf den Rat sich entscheiden: „Ich glaube Ihnen. Ihre Argumente überzeugen mich. Sie haben auf diesem Gebiet große Erfahrung und Sachkenntnis und ich vertraue mich gerne Ihrem Rat an." Solche Worte aus Ihrem Munde werden Mitarbeiterinnen und Mitarbeiter als sehr motivierend erleben. Zugleich haben Sie ihnen faktisch auch eine große Verpflichtung auferlegt: Der Ratgebende muss in der Umsetzung der Entscheidung unter Beweis stellen, dass Ihr Vertrauen berechtigt war!

„Vertrauen ist gut, Kontrolle ist besser"?

Es gibt Menschen, denen es wiederstrebt, anderen zu vertrauen. Man erkennt sie an der starken Zustimmung zu dem Zitat „Vertrauen ist gut, Kontrolle ist besser". Solche Führungskräfte glauben, es sei Aufgabe der Mitarbeiterin bzw. des Mitarbeiters, sich durch gute Leistungen und Wohlverhalten Vertrauen zu erwerben. Das ist ein klassischer Denkfehler!

Tatsächlich sind Vertrauen und Kontrolle keine Gegensätze.
- Das Gegenteil von Kontrolle sind Fehler und Mängel. Deshalb gibt es in der industriellen Produktion die Qualitätskontrolle, bei der Presse den Fakten-Check und überall ein Controlling, dass die Kosten überprüft.
- Das Gegenteil von Vertrauen ist Unsicherheit und Misstrauen in der persönlichen Beziehung.

Wenn Sie ein „Vertrauen ist gut, Kontrolle ist besser"-Typ sind, dann ist es wichtig, dass Sie sich von zwei Argumenten überzeugen lassen:

- Die wenigen Mitarbeiter, die Ihr Vertrauen ausnutzen und dabei dem Unternehmen schaden, werden über kurz oder lang auffällig werden. Dafür sorgen schon die betrieblichen Kontrollmechanismen, aber auch Ihre Aufmerksamkeit und Ihr gesunder Menschenverstand. Und wenn es dazu kommt, dann werden Sie darauf reagieren.

- In der Zwischenzeit werden alle anderen Mitarbeiter durch Ihr Vertrauen motiviert, einen besseren Job zu machen und gute Erfolge erzielen. Und das ist es, was am Ende des Tages zählt und Ihren persönlichen Führungserfolg entscheidend ausmacht.

Praxisaufgabe

Finden Sie einen Anlass, einer Mitarbeiterin oder einem Mitarbeiter Ihr Vertrauen auszusprechen:
- Jemand Neues in Ihrem Bereich?
- Eine Entscheidung, zu der Ihnen eine Mitarbeiterin oder ein Mitarbeiter raten?
- Eine anspruchsvolle Aufgabe, die Sie delegieren möchten?

Nutzen Sie den nächsten Anlass, Vertrauen zu schenken. Geben Sie sich Mühe, das Vertrauen wirklich von Herzen zu „schenken"! Beobachten Sie, wie das auf die Person wirkt und wie Sie sich dabei fühlen! Beobachten Sie in den folgenden Wochen, wie sich die Kollegin bzw. der Kollege mit Ihrem Vertrauensvorschuss macht.

Wiederholen Sie das Experiment, wenn nötig mehrfach. Sie werden schnell überzeugt sein!

Erkennen Sie Leistungen und Erfolge an

Vor kurzem leitete ich eine Seminargruppe. Während der Gruppenarbeit schrieben die Teilnehmer ihre Gruppenresultate auf Flipcharts. Alle drei Arbeitsgruppen schrieben so schön und gut lesbar, dass ich spontan der ganzen Seminargruppe ein Lob aussprach. Nun raten Sie, was bei der nächsten Gruppenarbeit passierte! Sie ahnen es schon: Alle drei Gruppen schrieben noch schöner als vorher! Wohlgemerkt, das war gar nicht mein Ziel. Doch auch die inhaltlichen Ergebnisse der Arbeitsgruppen waren von sehr guter Qualität. Das Lob hatte offenkundig auch die allgemeine Motivation der Teilnehmer angefacht.

Durch Anerkennung können Sie andere Menschen motivieren und in einem bestimmten Verhalten gezielt bestärken.

Was Sie anerkennen, davon bekommen Sie mehr!

Durch Anerkennung zeigen Sie als Führungskraft den Mitarbeiterinnen und MitarbeiterN:

1. Ihr bzw. sein Vorgehen war richtig. Bei Wiederholung ist also „alles okay".
2. Die damit verbundene Anstrengung war betrieblich sinnvoll (sonst würden Sie sich nicht darum kümmern).

3. Sie nehmen Leistung und Anstrengung aktiv wahr, sie bzw. er wird „gesehen" und die erbrachte Leistung ist für Sie wichtig.

Alle drei Botschaften sind bestärkend und motivierend. Wenn Sie jemanden in einem bestimmten erfolgreichen Verhalten bestärken wollen, dann spenden Sie dafür Anerkennung!

Sie können Anerkennung auch gezielt einsetzen, um Mitarbeiterinnen und Mitarbeiter bei einer beabsichtigten persönlichen Entwicklung oder Verhaltensänderung zu unterstützen. Dafür müssen Sie die Kollegin oder den Kollegen dabei „erwischen", die anzueignende Fähigkeit oder Verhaltensweise schon einmal erfolgreich anzuwenden, oder wenigstens erkennbare Fortschritte zu zeigen. Durch entschlossen gespendete Anerkennung zeigen Sie, dass die Verbesserungsanstrengungen erste Erfolge erzielen und von Ihnen genau wahrgenommen und geschätzt werden. Das hilft der Person, eigene Unsicherheiten zu überwinden und die Anstrengung um weitere Verbesserung aufrecht zu halten.

Anerkennung gehört zu den mächtigsten Instrumenten, über die Sie als Führungskraft verfügen! Und es ist nicht schwer, Sie können sofort damit beginnen.

„Nicht geschimpft ist genug gelobt"

„Nicht geschimpft ist genug gelobt" ist ein unausgesprochenes Motto vieler Chefinnen und Chefs. Schade eigentlich! Mitarbeiterinnen und Mitarbeiter haben die Wahl zwischen folgenden unausgesprochenen Botschaften:

- „Ich habe an Ihrer Leistung nichts auszusetzen, aber Sie persönlich sind mir egal."
- „Ihre Anstrengung ist unwichtig. Sie können darauf auch gerne verzichten."
- „Ich finde Ihre Leistung unzureichend, aber es ist mir egal."
- „Ich finde Ihre Leistung unzureichend und werde zum Zeitpunkt meiner Wahl darauf zu sprechen kommen."

Das ist verunsichernd, demotivierend und in keinem Fall ein Ansporn zu positiven Anstrengungen. Verweigerung von Anerkennung ist ein erheblicher Führungsmangel.

Anlässe für Anerkennung

Es gibt zwei legitime Anlässe für Anerkennung:

1. Die Person hat eine Aufgabe nach den üblichen Maßstäben gut oder sehr gut erledigt.
2. Die Person hat ihre Leistung durch gezielte Anstrengungen spürbar verbessert. In diesem Fall verdient sie dafür auch dann Anerkennung, wenn die

Resultate im Vergleich mit üblichen Maßstäben noch nicht wirklich gut sind, etwa bei Anfängern.

Wie identifizieren Sie einen Anlass für Anerkennung im Arbeitsalltag und wie oft sprechen Sie Anerkennung aus?

- Wenn der Mitarbeiterinnen und Mitarbeiter fortlaufend viele kleine Aufgaben erledigt, etwa im Einzelhandel, im Krankenhaus oder am Fließband, dann können Sie Anerkennung spenden für eine besonders geschickte Lösung, die erfolgreiche Abfertigung eines schwierigen Kunden oder dergleichen.
- Alternativ können Sie aber auch am Ende eines fordernden Tages den gleichbleibenden Einsatz, die hohe Arbeitsqualität und das Geschick der Mitarbeiterin bzw. des Mitarbeiters anerkennen, ohne dass es dafür besonderer Vorkommnisse bedürfte.
- Um wirklich qualifiziert anerkennen zu können, müssen Sie sich ein eigenes Bild machen. Abhängig von den konkreten Arbeitsaufgaben ist es dafür erforderlich, dass Sie selber mal genau hinschauen, was die Person macht an ihrem Arbeitsplatz.
- Wenn Mitarbeiterinnen und Mitarbeiter komplexe Aufgaben tage- oder wochenlang selbstständig verfolgen, dann ergeben sich naheliegende Anlässe für Anerkennung durch die Meilensteine und Projektabschlüsse. Es liegt an Ihnen, diese günstigen Anlässe zu nutzen.

- Sonderaufgaben im Dienste des ganzen Teams, zum Beispiel die Konzeption eines Standardablaufs für eine bestimmte Aufgabe oder auch die Organisation des Betriebsausflugs, müssen immer in der Teamöffentlichkeit anerkannt werden.
- Wenn Sie mit einer Mitarbeiterin oder einem Mitarbeiter vereinbart haben, dass sie bzw. er sich um bestimmte Verbesserungen seiner Fähigkeiten oder Verhaltensweisen bemühen wird, dann ist es unbedingt erforderlich, dass Sie diese Anstrengungen beobachten und bei den ersten Fortschritten mit Anerkennung unterstützen.

„Dafür habe ich keine Zeit"

Was ist die häufigste aller Ausreden? „Keine Zeit!" – übersetzt in Klartext heißt das: „Ich habe Wichtigeres zu tun." Das ist bei Führungskräften nicht anders. Wenn Sie als Führungskraft für elementare Führungsaufgaben keine Zeit haben, dann haben Sie ein Problem und es stellt sich die Frage, welche anderen Tätigkeiten Sie daran hindern, Ihren Führungsaufgaben nachzukommen. Wenn Sie glauben, dass Sie *wirklich* keine Zeit haben für Anerkennungsgespräche, dann schauen Sie sich mal das Kapitel 11. „Loslassen" an.

„Soll ich jetzt für aufrechten Gang loben?"

Viele Führungskräfte haben anfangs Mühe, Anlässe für Anerkennung zu erkennen. Aber wenn jemand tagein, tagaus seine Arbeit gut macht, dann ist es Aufgabe der Führungskraft, dafür anerkennende Worte zu finden. Sie können sich selbst mit folgender Frage motivieren: *Wollen Sie von diesem Verhalten mehr erleben oder ist es Ihnen egal?* Wenn Sie davon mehr erleben wollen, dann werden Sie der Kollegin bzw. dem Kollegen eine Anerkennung aussprechen!

Möglicherweise haben Sie die gleiche Aufgabe gehabt, bevor Sie die Karriereleiter erklommen haben. Zurückblickend finden Sie nichts Besonderes an bestimmten Leistungen. Das ist dann der Blick aus Ihrer heutigen Perspektive. Als Führungskraft müssen Sie sich aber auf das Erleben der Mitarbeiterinnen und Mitarbeiter beziehen. Für sie beinhaltet ihre aktuelle Aufgabe Herausforderungen und Anstrengungen, und es ist nicht wirklich schwierig, für die Erfolge ehrliche Anerkennung auszusprechen.

Eine weitere Herausforderung besteht darin, die Anerkennung authentisch und emotional wirksam rüber zu bringen. Viele Führungskräfte haben selber nie „richtige" Anerkennung erfahren. Aber Sie werden feststellen, mit etwas Übung klappt es schnell besser. Machen Sie den ersten Schritt und erleben Sie, wie einfach es im Grunde ist, in anderen Menschen etwas Positives zu bewirken!

Manchen sehr sachorientierten Führungskräften fällt es auch schwer, die scheinbare „Ergebnislosigkeit" eines Anerkennungsgesprächs zu ertragen. Im Unterschied zu anderen Gesprächen gibt es kein Protokoll, keine ToDos, keine Verantwortlichkeiten. Das Gesprächsergebnis findet ausschließlich im Kopf und Herzen der Mitarbeiterin bzw. des Mitarbeiters statt.

Anerkennung gekonnt aussprechen

Wenn Sie einen günstigen Anlass für ein Anerkennungsgespräch erkennen, greifen Sie zu! Bitten Sie den die Person um ein Gespräch. Erklären Sie Ihr Gesprächsziel: „Sie haben die Aufgabe XY ja klasse erledigt und ich will das mal genauer verstehen, wie Sie das eigentlich machen."

Das Anerkennungsgespräch erfolgt unbedingt zeitnah. Zeitnah ist, was sich für die Mitarbeiterin bzw. den Mitarbeiter zeitnah anfühlt. Meistens sind das die nächsten 2-3 Tage. Aber die Person an einem anderen Standort sitzt und Sie sich nur einmal im Monat sehen, dann kann das auch noch in Ordnung sein.

Im Anerkennungsgespräch gilt es, die erfolgreiche Vorgehensweise im Detail zu würdigen. Maßgeblich für den Detaillierungsgrad sind das Erleben und die konkreten Handlungen der Mitarbeiterin bzw. des Mitarbeiters. Das funktioniert am einfachsten und zuverlässigsten, wenn Sie die Mitarbeiterin bzw. den Mitarbeiter dazu bringen, den Weg zum

Erfolg aus seinem Erleben zu schildern. Was war der erste Schritt zum Erfolg? Wie kam er oder sie auf die Idee, es so zu versuchen? Im Gespräch laufen Sie gedanklich gemeinsam den Weg ab, der zum Erfolg geführt hat. Ihre Aufgabe ist es, durch interessierte Fragen die Mitarbeiterin bzw. den Mitarbeiter anzuregen, sich den Moment des Erfolges noch einmal ganz präsent zu machen.

Beispiele für gute Fragen dafür sind:

- »Wie genau ist Ihnen das gelungen?«
- »Was hat Sie bewogen, sich für dieses schließlich erfolgreiche Vorgehen zu entscheiden?«
- »Wie hat denn der Kunde auf Ihren Vorschlag reagiert?«
- »Woran haben Sie gemerkt, dass Sie ins Schwarze getroffen hatten?«
- »Gab es dabei auch einen schwierigen Moment, den Sie zu überwinden hatten?«

Ausgehend von dem konkreten Anlass des Anerkennungsgesprächs fallen Ihnen gewiss zahlreiche Fragen dieser Art ein!

Vor dem Gespräch investieren Sie bitte einige Minuten in die Vorbereitung und machen sich dazu schriftliche Notizen:
- Mit welchen Worten eröffnen Sie das Gespräch? Formulieren Sie die ersten 1-2 Sätze.

- Mit welchen Fragen (s.o.) wollen Sie das Gespräch zu einer detaillierten Diskussion des erzielten Erfolgs lenken?
- Mit welchen Worten werden Sie die eigentliche Anerkennung ausdrücken und das Gespräch abschließen? Formulieren Sie auch dazu einige Sätze schriftlich.

Mit dieser Vorbereitung sind Sie gut gewappnet!

Im Gespräch selber führen Sie dann die Mitarbeiterin bzw. den Mitarbeiter mit Ihren Fragen dahin, sich den Moment des Erfolges wieder zu vergegenwärtigen. Ist das gelungen, ist der richtige Zeitpunkt, Ihre Anerkennung und Freude auszudrücken! Zeigen Sie ihm die Bedeutung seiner Leistung bzw. seiner Fortschritte für das Unternehmen auf und bestärken ihn, auf dem Weg fortzufahren. Vermeiden Sie es unbedingt, die Anerkennung mit neuen Aufträgen zu verbinden (»Zeigen Sie den Kollegen mal, wie das geht...«). Eine Anerkennung ist eine Anerkennung und sonst nichts.

Danach ist es Zeit für den Gesprächsabschluss. Ein Anerkennungsgespräch dauert zwischen 5 und 30 Minuten, je nach Umfang und Komplexitätsgrad des anzuerkennenden Erfolgs. Zum Abschluss bedanken Sie sich für das interessante Gespräch, betonen Sie nochmals Ihre Freude über den errungenen Erfolg und wünschen der Mitarbeiterin bzw. dem Mitarbeiter Glück und Erfolg auf dem weiteren Weg. Machen Sie sich eine Notiz für Ihre nächste Beurteilung.

Praxisaufgabe – planen und führen Sie ein Anerkennungsgespräch und werten es anschließend aus.

1. Wem wollen Sie wofür eine Anerkennung aussprechen? Was haben Sie in den letzten drei Arbeitstagen an Anerkennenswertem erfahren? Wenn Ihnen nicht spontan etwas einfällt, dann hier ein paar Fragen um Ihre Ideen anzuregen:
   - Denken Sie an Ihre erfolgreichste Mitarbeiterin bzw. Mitarbeiter. Was hat er oder sie in den letzten Tagen Nützliches getan? Denken Sie auch an andere erfolgreiche Kolleginnen und Kollegen. Welche Erfolge haben sie in den letzten Tagen erzielt?
   - Gibt es in ihrem Team jemanden, der in den letzten Tagen eine Verbesserung seiner eigenen Leistungen erzielen konnte? Hier kommen vor allem Anfänger in Betracht, aber auch „Mittelfeldspieler" und sogar schwächere Mitarbeiterinnen und Mitarbeiter, die sich Mühe geben sich zu entwickeln

   Machen Sie sich auf die Suche! Ihre Mitarbeiterinnen und Mitarbeiter erzielen täglich Erfolge, Sie müssen nur richtig hinschauen!
2. Wenn Sie die Person und die anzuerkennende Leistung identifiziert haben, dann laden Sie sie zu einem zeitnahen Termin ein.

3. Bereiten Sie das Gespräch schriftlich vor, wie oben beschrieben.
4. Führen Sie das Gespräch wie beschrieben durch.
5. Anschließend werten Sie das Gespräch aus:
   - Wie hat Ihre Gesprächseröffnung funktioniert?
   - Konnten Sie Ihre vorbereiteten Fragen anwenden?
   - Ist es Ihnen gelungen den Augenblick des Erfolges zu vergegenwärtigen?
   - Wie hat Ihre Anerkennung gewirkt?
   - Ist es Ihnen gelungen, das Gespräch auf die Anerkennung zu beschränken?
   - Wie weit sind Sie mit sich und Ihrer Gesprächsführung zufrieden?
   - Was würden Sie beim nächsten Mal anders machen?

Die schriftliche Vorbereitung und nachträgliche Auswertung werden Ihren Lernprozess beschleunigen. Sie werden erleben, dass es schon nach kurzer Zeit damit sehr schnell geht. Am besten führen Sie gleich in den nächsten Tagen noch weitere Anerkennungsgespräche. Dann bekommen Sie schnell Routine!

Sie werden schnell feststellen, dass diese Gespräche Ihre Beziehung zu den betreffenden Mitarbeiterinnen und Mitarbeitern nachhaltig festigen. Auch korrigierende Hinweise, wenn bei anderer Gelegenheit einmal erforderlich, werden dann sehr viel bereitwilliger angenommen.

Verbringen Sie Zeit mit Ihren besten Mitarbeiterinnen und Mitarbeitern

Als Führungskraft werden Sie am Ende des Tages daran gemessen, ob Ihre Organisationseinheit ihre Aufgaben erledigt hat, und das in der gebotenen Qualität. Und wer trägt dazu am das meiste bei? Auf wen können Sie sich auch unter hoher Belastung und in schwierigen Situationen verlassen? Wer gibt Anfängern und schwächeren Mitarbeiterinnen und Mitarbeitern ein positives Rollenmodell? Wer ist Ihre wichtigste Stütze im Team, wenn es darum geht, Veränderungen umzusetzen? Wer findet manchmal neue fachliche Lösungen, bei denen auch Sie noch was dazu lernen können?

Immer wieder sind es Ihre besten Mitarbeiterinnen und Mitarbeiter, die den entscheidenden Beitrag leisten. Ohne die hätten Sie keine Chance, erfolgreich zu sein! Eine gute Beziehung zu den fähigen und motivierten Mitarbeiterinnen und Mitarbeitern – ich nenne sie Profis – ist deshalb Ihr Standbein als Führungskraft.

Lohnt es sich, bei Ihnen tüchtig zu sein?

Viele Führungskräfte kalkulieren damit, dass die Profis schon alleine mit ihren Aufgaben zu Recht kommen und investieren ihre Zeit und Führungsenergie in schwächere Mitarbeiterinnen und Mitarbeiter oder Sachthemen. Wer tüchtig ist, bekommt mehr Arbeit, wer nicht so tüchtig ist, bekommt die Aufmerksamkeit der Führungskraft. Das ist ein Denkfehler:

- Was ist die unausgesprochene Botschaft? „Sei besser nicht zu tüchtig, sonst bekommst du immer mehr Arbeit, aber immer weniger Aufmerksamkeit", so kommt es an. Manche Mitarbeiterinnen und Mitarbeiter sind stark selbstmotiviert. Aber auch für sie ist es auf die Dauer schwer, dies aufrecht zu erhalten, wenn sie von der Führungskraft nicht beachtet werden.

- In vielen Situationen sind Führungskräfte auf die Unterstützung der Profis angewiesen. Bei einer guten Beziehung ist das nicht schwierig. Wenn aber die Chefin oder der Chef weit weg ist, muss er sich nicht wundern, wenn die Profis ihre eigene Sicht auf die Themen entwickeln. Wer nicht weiß, was seine Profis umtreibt, der bewegt sich führungstechnisch im Blindflug.

Führungskräfte, die ihren Profis nicht die gebührende Aufmerksamkeit schenken, sägen an dem Ast, auf dem sie sitzen!

Wann persönliche Gespräche führen?

Anlässe für persönliche Gespräche gibt es viele und wenn nicht, kann man sie leicht schaffen. Entscheidend ist es, sie zu nutzen! Jedes Gespräch bietet eine Möglichkeit, es mit einigen persönlichen Momenten zu verbinden. Dafür ist es lediglich erforderlich, dass Sie sich für die Person interessieren und sien mit Fragen anregen, etwas von sich mitzuteilen. Es ist aber auch in Ordnung, wenn Sie einfach mal am Arbeitsplatz der Mitarbeiterin bzw. des Mitarbeiters erscheinen oder anrufen, um kurz „Guten Morgen zu sagen" oder „zu hören, wie es läuft". Auch gemeinsame Kaffeepausen und Kantinenbesuche geben einen guten Rahmen, Zeit mit den Profis zu verbringen.

Über was reden Sie mit Ihren Profis?

Selbstverständlich interessieren Sie sich für die Person Ihrer besten Mitarbeiterinnen und Mitarbeitern, und das gibt immer interessanten Gesprächsstoff (vgl. Kapitel 2: „Schenken Sie Ihren Mitarbeitern Aufmerksamkeit"). Mit den Profis kann man aber auch sehr interessante fachliche und geschäftliche Fragen diskutieren. Sie können sich da auf informellem Weg den einen oder anderen Rat abholen. Es ist auch zu empfehlen, von den Profis Feedback zu den verschiedenen betrieblichen Ereignissen und nicht zuletzt zu Ihrer eigenen Wirkung einzuholen (vgl. Kapitel 1: „Holen Sie sich Feedback").

„Keine Zeit"?

Viele Führungskräfte glauben hartnäckig, für alle Gespräche, die nicht unmittelbar der Aufgabenerledigung dienen, keine Zeit zu haben. Deshalb schreibe ich es hier gleich noch einmal hin: Keine Zeit ist die häufigste Ausrede im deutschen Sprachraum. Übersetzt bedeutet sie: „Ich habe Wichtigeres zu tun." Und da liegt der Denkfehler. Die Beziehung zu Ihren Profis ist wichtig für Sie und wenn Sie dafür keine Zeit haben, dann machen Sie etwas verkehrt. Die gute Nachricht: Es ist ganz leicht, das zu ändern, und es wird sofort positiv registriert werden!

Praxisaufgabe

Notieren Sie sich die Namen Ihrer Profis – die wirklich fähigen und motivierten Mitarbeiterinnen und Mitarbeiter in Ihrer Organisationseinheit – auf einem Blatt. Gehen Sie die Namen durch:

- Wie viel Zeit haben Sie in den letzten Wochen im direkten, persönlichen Gespräch mit den Kollegen verbracht?
- Wie gut kennen Sie die fachlichen Stärken, Interessen und Ansichten dieser Mitarbeiter?
- Was wissen Sie über die Familienverhältnisse, persönliche Herkunft, Karriereweg, Haustiere, Freizeitgestaltung, Urlaubsziele?

Wenn es da Lücken gibt, dann identifizieren Sie jetzt eine Möglichkeit in den kommenden Tagen, mit einer dieser Personen ein paar persönliche Informationen auszutauschen. Überlegen Sie sich drei persönliche Fragen, die Sie dem Mitarbeiter gerne stellen würden. Und wenn die Situation dann da ist, dann machen Sie das! (Es ist nicht entscheidend, alle drei Fragen „abzufeuern". Wichtig ist, ins Gespräch zu kommen.)

Hinterher bewerten Sie Ihre Initiative:

- Hat die Mitarbeiterin bzw. der Mitarbeiter Ihr persönliches Interesse wahrgenommen?
- Hat sich ein interessantes Gespräch ergeben?
- Haben Sie einige persönliche Dinge erfahren?
- Wie zufrieden sind Sie mit Ihrem kleinen Vorstoß?

Gibt es noch weitere Mitarbeiterinnen und Mitarbeiter auf der Liste? Dann nehmen Sie sich anschließend gleich den nächsten vor! Wenn Sie sich so bewusst steuern, wird es Ihnen schnell zur Gewohnheit werden, sich auf die Person Ihrer Mitarbeiterinnen und Mitarbeiter einzulassen. Das vermittelt einen persönlichen, entspannten Führungsstil, der es Ihnen sehr viel leichter macht, die Mitarbeiterinnen und Mitarbeiter in der Sache für Ihre Vorhaben zu gewinnen.

Kommunizieren Sie Ihre Erwartungen

Sie und Ihre Organisation haben Erwartungen an die Arbeitsleistung, die Arbeitsqualität und den Erfolg von Mitarbeiterinnen und Mitarbeitern. Dabei sind es oft bestimmte Details, die den Unterschied machen. Wenn Mitarbeiterinnen und Mitarbeiter genau wissen, was von ihnen erwartet wird, dann werden sie bemüht sein, diesen Erwartungen zu entsprechen.

- Dafür müssen Sie als Führungskraft Ihre Erwartungen frühzeitig und aktiv kommunizieren.
- Sie müssen sich so ausdrücken, dass Ihre Mitarbeiterinnen und Mitarbeiter genau verstehen, was Sie meinen.
- Bei Bedarf müssen Sie Ihre Erwartungen den gleichen Leuten auch mehrfach aufzuzeigen.

Wenn Ihnen das gelingt, ist die Chance gut, dass Sie im Handeln der allermeisten Mitarbeiterinnen und Mitarbeiter genau das erreichen werden, was Sie erleben wollen. Es ist nicht schwer, aber es erfordert etwas Übung und Disziplin, sich diese Verhaltensweisen zur Gewohnheit zu machen. Im Folgenden finden Sie einfache Schritte, mit denen Sie sofort loslegen können.

Unkenntnis über Erwartungen ist weit verbreitet

Manche Führungskräfte formulieren ihre Erwartungen gar nicht oder nur unklar. Wenn dann jemand etwas verpatzt hat,

43

weil eigentlich etwas Anderes von ihr bzw. ihm erwartet
wurde, entsteht wechselseitig Frust.

Viele Führungskräfte wären erstaunt, wenn sie wüssten, was
ihre Mitarbeiterinnen und Mitarbeiter alles nicht wissen und
können. Unkenntnis wird selten aktiv gezeigt. Teils, weil die
Mitarbeiterinnen und Mitarbeiter selber nicht wissen, dass es
etwas gibt, das sie nicht wissen. Teils, weil sie es tunlichst
vermeiden, Ihnen gegenüber unkundig dazustehen, aus Sorge,
Sie könnten das negativ bewerten oder es könnten sich lästige
Gespräche mit Ihnen ergeben. Nur sehr selbstbewusste
Kolleginnen und Kollegen werden zu Ihnen kommen und
nachfragen. Durch aktives und gekonntes Mitteilen von
Erwartungen beugen Sie diesen Problemen vor und helfen
Ihren Mitarbeiterinnen und Mitarbeitern, erfolgreich zu sein.

Wann Erwartungen mitteilen?

- Der früheste Anlass ist ein **Bewerbungsgespräch**.
  Nutzen Sie das Gespräch mit Bewerberinnen und
  Bewerbern, um Ihre Erwartungen präzise zu
  kommunizieren. Wer geeignet ist, nimmt das als
  Ermunterung seiner Bewerbung und stellt sich bereits
  auf Ihre Vorstellungen ein. Ungeeignete Personen
  dagegen werden erwägen, sich anderweitig zu
  orientieren.
- Der nächste Anlass ist ein **Begrüßungsgespräch** in
  Ihrer Organisationseinheit ist. Um eine erfolgreiche
  Einarbeitung zu unterstützen, müssen Sie Ihre

Erwartungen sehr klar vermitteln. (Siehe dazu auch das Kapitel 15: „Nutzen Sie die Probezeit").

- Immer wenn Sie eine **Aufgabe delegieren**, müssen Sie demjenigen, der die Aufgabe übernimmt, Ihre Erwartungen aufzeigen.
- Feedback aus aktuellem Anlass oder anlässlich eines Jahresgesprächs ist eine Gelegenheit, positive Erwartungen aufzuzeigen.
- **Zielvereinbarungen** oder **Zielvorgaben** sind mit bestimmten Erwartungen verbunden.

Erwartungen in positiver Handlungssprache formulieren

Um als Führungskraft erfolgreich Erwartungen zu kommunizieren, müssen Sie sich zunächst einmal systematisch überlegen, was Sie von den Mitarbeiterinnen und Mitarbeitern wollen. Wenn Ihnen das klar ist, dann können Sie es auch kommunizieren. Die folgende Technik wird Ihnen dabei helfen:

Erste Regel: **Erwartungen werden positiv formuliert**. Das hat mit „positivem Denken", rosa-roter Brille oder so, nichts zu tun. Es geht um im rein grammatischen Sinne positive Formulierungen.

Beispiel: „Der Ball ist rund" ist eine positive Formulierung. „Der Ball hat keine Ecken." Ist eine negierte Aussage. Sie wird gebildet durch Negation der positiven Aussage: „Der Ball hat Ecken."

Positive Formulierungen haben einen größeren Haftwert. „Denken Sie bitte an XY" wirkt stärker als „Vergessen Sie bitte nicht XY". Warum ist das so? Wie wir oben sahen, wird eine negative Aussage sprachlich durch Negation einer positiven Aussage gebildet. Beim Verstehen der Botschaft muss unser Gehirn genau diese Konstruktion nachvollziehen. Das wird Ihnen unmittelbar klar mit einer kleinen Übung:

Übung: Bitte stellen Sie sich vor Ihrem inneren Auge **auf keinen Fall** einen **großen roten Ball** vor – jetzt!

Was haben Sie gesehen? - Die Anweisung erweist sich als paradox. Um sie zu befolgen, müssen wir uns erst den großen roten Ball vorstellen, um ihn dann mühsam wieder zu vergessen.

Positive Aussagen ersparen dem Zuhörer dergleichen Verwicklungen in seinem Gehirn. Sie steuern direkt auf das zu, was Sie wollen. Die Energie, die davon ausgeht, ist höher und die Chance, dass Ihr Impuls den Angesprochenen in Ihrem Sinne beeinflusst ist deutlich größer. Wenn Sie erleben wollen, dass andere Ihren Erwartungen entsprechen, dann machen Sie es sich zur Gewohnheit, Ihre Erwartungen positiv zu formulieren!

Die zweite Regel lautet: **Beschreiben Sie genau das gewünschte Verhalten**, Schritt für Schritt, so wie der Angesprochene es erleben wird, wenn er es umsetzt. Betrachten Sie die Angelegenheit durch dessen Brille! Wenn erforderlich ist, dann zeigen Sie genau auf, was Sie sich vorstellen. So ermöglichen Sie Mitarbeiterinnen und Mitarbeitern, die gewünschten Handlungen in Gedanken schon einmal zu vollziehen. Das macht es sehr viel einfacher, es dann in der Praxis umzusetzen. Als Führungskraft können Sie nicht zaubern und aus Ihren Mitarbeiterinnen und Mitarbeitern andere Menschen machen. Und sollen Sie auch gar nicht. Aber konkrete Verhaltensanforderungen dürfen und sollen Sie einfordern.

Die dritte Regel: **Nutzen Sie Beispiele und Vergleiche**, um zu verdeutlichen, was Sie wollen. Ziehen Sie dabei Sachverhalte heran, die dem Kollegen gut bekannt sind und Tätigkeiten, die er bzw. sie bereits zu Ihrer Zufriedenheit beherrscht. Sie können auch anhand eines praktischen Beispiels diskutieren, in welchen Fällen welches Verhalten angebracht ist.

Die vierte Regel: **Nachdem Sie Ihre Erwartungen mitgeteilt haben, stellen Sie Fragen**, um sich zu vergewissern, dass Ihr Gesprächspartner verstanden hat, was Sie wollen. Beispiele für Fragen:
- „Haben Sie so etwas Ähnliches schon einmal gemacht?"
- „Was daran ist für Sie persönlich die Herausforderung?"
- „Wie werden Sie an die Sache herangehen?"

Bringen Sie die Mitarbeiterin bzw. den Mitarbeiter dazu, über das von Ihnen erwartete Verhalten zu sprechen. Sie werden dann schnell merken, was angekommen ist!

Wie oft das Gleiche noch einmal erklären?

Häufig glauben Führungskräfte, wenn Sie den Mitarbeiterinnen und Mitarbeitern erklärt haben, was sie sich vorstellen, dann wäre „alles klar". Aber so einfach ist es nicht. Oft werden Sie feststellen, dass Ihre Erklärungen nicht verstanden wurden. Ob die Mitarbeiterin oder der Mitarbeiter tatsächlich nicht verstanden hat oder das nur vorschützt, ist nicht entscheidend. Sie wissen, dass das manchmal ein Test ist: „Meint die Chefin bzw. der Chef das wirklich?" Wenn Sie nicht lockerlassen, kann jeder sehen, dass Sie es wirklich meinen. Wie oft soll man Mitarbeiterinnen und Mitarbeitern seine Erwartungen bei Bedarf nochmals geduldig erklären? Konfuzius, der „Management-Guru" des antiken China, meinte: fünfmal. Wenn es dann immer noch Probleme gibt, dann dürfen Sie davon ausgehen, dass die oder der Betreffende nicht kann oder nicht will.

Praxisaufgabe

Finden Sie bald eine Gelegenheit, Ihre Erwartungen zu kommunizieren! Schauen Sie sich die Liste möglicher Erwartungen oben in diesem Kapitel an und finden Sie einen Anlass, der Ihnen kurzfristig eine Gelegenheit dazu bietet.

Nun bereiten Sie sich vor (20-30 Minuten):

- Überlegen Sie sich genau, was Sie von dem Mitarbeiterinnen und Mitarbeiter erwarten. Machen Sie sich dazu Notizen.
- Nun formulieren Sie Ihre Erwartungen um in die positive Handlungssprache. Formulieren und notieren Sie sich ganze Sätze (Subjekt, Prädikat, Objekt).
- Sprechen Sie diese Sätze laut aus. Gerne auch vor dem Spiegel. Wie klingt es? Feilen Sie an den Formulierungen, bis Sie mit dem Ergebnis zufrieden sind.
- Mit welchen Fragen werden Sie überprüfen, ob der Kollege Sie richtig verstanden hat? Solche und ähnliche Formulierungen kommen in Frage:
    - „Was ist für Sie die Herausforderung dabei, und wie werden Sie die anpacken?"
    - „Sind Sie bitte so gut und fassen das aus Ihrer Sicht nochmal zusammen?"
- Erwarten Sie Einwände (=begründete Bedenken)? Welche könnten das sein? Und wie nehmen Sie den Einwand auf und lösen ihn auf?
- Erwarten Sie Ausreden? Wie werden Sie damit umgehen?
- Mit Worten werden Sie Commitment einfordern? Beispiel: „Frau XY, kann ich mich da 100% auf Sie verlassen?"
- Mit welchen Worten werden Sie ein positives Commitment der Mitarbeiterin bzw. des Mitarbeiters

abschließend bekräftigen? Beispiel: „Herr XY, ich wusste, dass ich auf Sie zählen kann! Danke!"

Wenn Sie für diese Schritte im Gespräch Ihren Plan durchgespielt haben, dann sind Sie gut vorbereitet!

Führen Sie nun das Gespräch und anschließend führen Sie anhand der folgenden Fragen Ihre Auswertung durch:

- Ist es Ihnen gelungen, Ihre Erwartungen verständlich aufzuzeigen?
- Hat die Mitarbeiterin bzw. der Mitarbeiter die Erwartungen akzeptiert?
- Wenn es Einwände gab oder gar Ausreden, wie sind Sie damit zu Recht gekommen? Was ist Ihnen dabei gut gelungen und was geht das nächste Mal besser?
- Haben Sie das Commitment freundlich bekräftigt?

Müssen Sie Gespräche immer so sorgfältig vorbereiten? Mit gewachsener Routine werden Ihre Vorbereitungen schneller von statten gehen. Aber auch für sehr erfahrene Führungskräfte gilt: Wer gut vorbereitet ist, erreicht mehr! Wenn ein Gespräch misslingt, brauchen Sie nervige Folgegespräche, von möglichen Weiterungen zu schweigen. Es ist einfach viel effizienter, von vornherein konsequent den Gesprächserfolg zu planen!

Treffen Sie Entscheidungen zügig

Als Führungskraft müssen Sie zügig gute Entscheidungen treffen. Entscheidungen sind wichtig, damit alle wissen wo die Reise hingeht. Nur so können Ihre Mitarbeiterinnen und Mitarbeiter Sie guten Willens bei der Umsetzung Ihrer Entscheidungen unterstützen.

Entscheidungen sollen zügig getroffen werden, damit die Zeit der Unsicherheit kurz ist. Es ist aber auch wichtig, gute, beständige Entscheidungen zu treffen. Heute „Hüh" und morgen „Hott" macht Mitarbeiterinnen und Mitarbeiter mürbe und führt zu Zweifeln an der Kompetenz der Führungskraft und der Verlässlichkeit der getroffenen Entscheidungen.

Weiter ist es erforderlich, die zugrundeliegenden Fakten, die verfügbaren Handlungsalternativen und mögliche Risiken zur Kenntnis zu nehmen und abzuwägen. Gute Entscheidungen entstehen also in einem Prozess, der etwas Zeit benötigt. Die Kunst ist es, diese Zeit kurz zu halten und dennoch eine gute Entscheidungsqualität zu erzielen. Sie haben einen entscheidenden Vorteil, wenn Sie Ziele verfolgen, aus denen sich klare Entscheidungskriterien ableiten lassen. Eine Vision (vgl Kapitel 16: „Erarbeiten Sie sich eine Vision für Ihren Verantwortungsbereich") hilft Ihnen, sinnvolle Ziele zu bestimmen.

Mitarbeiterinnen und Mitarbeiter wünschen sich starke Führungskräfte

Führungskräfte, die sich nicht entscheiden können, lassen Mitarbeiterinnen und Mitarbeiter orientierungslos zurück. Die normale Reaktion ist, in den betreffenden Angelegenheiten die Aktivitäten einzustellen, bis die Situation geklärt ist. Ist das häufig der Fall, macht sich eine lasche Stimmung breit.

Regelrecht demotivierend wirkt es auf Mitarbeiterinnen und Mitarbeiter, wenn die Führungskraft erkennbar der Verantwortung ausweicht. Wenn Mitarbeiter das Gefühl haben, ihre Führungskraft traut sich die Lösung eines Konflikts nicht zu oder kann sich einfach nicht entscheiden, dann fühlen sie sich selber machtlos und handlungsunfähig. Mitarbeiterinnen und Mitarbeiter möchten eine starke Führungskraft, die ihnen ermöglicht, ihre Aufgaben zielgerichtet und erfolgreich anzupacken!

Wie Sie schnell gute Entscheidungen treffen

Identifizieren Sie Entscheidungsbedarf und priorisieren Sie ihn. Alle Entscheidungen, die Auswirkungen auf die Handlungsfähigkeit Ihrer Mitarbeiterinnen und Mitarbeiter haben, werden hoch priorisiert.

Beziehen Sie die von der Entscheidung betroffenen Mitarbeiterinnen und Mitarbeiter mit ein (vgl. Kapitel 8: „Beziehen Sie Mitarbeiter bei Entscheidungen ein")

Sachliche Klärung:
- Was genau ist die Frage, die entschieden werden soll?
- Bis wann soll die Frage entscheiden sein?
- Was wissen Sie über den Sachverhalt und mögliche Entscheidungsalternativen?
- Welches sind Ihre Ziele, bzw. welche der Ziele, die Sie verfolgen, sind von der Entscheidung betroffen?
- Welche Konsequenzen wird eine bestimmte Entscheidungsalternative nach sich ziehen?

Abwägen der schwierigen Fragen:
- Welche Unsicherheiten bestehen noch in Bezug auf die sachlichen Entscheidungsgrundlagen?
- Welche Risiken sind mit der Entscheidung verbunden? Was ist das schlimmste Ereignis, das aus der Entscheidung folgen könnte und wie wahrscheinlich ist es? Wie viel Risiko können Sie vertreten?
- Welche Konflikte sind mit der Entscheidung verknüpft?

Wenn Sie eine Entscheidung getroffen haben, kommunizieren Sie sie transparent an alle betroffenen Mitarbeiterinnen und Mitarbeiter. Veranlassen Sie die erforderlichen Maßnahmen, um die Umsetzung sicher zu stellen.

Entscheidungen unter Unsicherheit

Häufig sind nicht alle relevanten Fakten und Handlungsalternativen mit den verfügbaren Mitteln rechtzeitig zu ermitteln und abzuwägen. Die Entscheidung muss also unter Unsicherheit getroffen werden. Entscheider brauchen Mut, sich aus der Entscheidung resultierenden Konflikten zu stellen und mit Kritik und Verantwortung souverän umzugehen.

Entscheidungen bei Konflikten

Bei Konflikten, die Ihren persönlichen Verantwortungsbereich betreffen, dürfen Sie der Entscheidung nicht ausweichen, auch wenn es Ärger gibt. Geht es dagegen um den persönlichen Verantwortungsbereich eines oder mehrerer Mitarbeiterinnen und Mitarbeiter, dann versuchen die bei Konflikten gerne, Sie auf ihre Seite zu ziehen. Solcher Instrumentalisierung entziehen Sie sich besser und fordern erstmal eine Lösung seitens der verantwortlichen Mitarbeiterinnen und Mitarbeiter ein.

Denkfehler vermeiden

Viele geschäftliche Entscheidungen werden „aus dem Bauch" getroffen. Dabei kann es zu Denkfehlern kommen. Häufige Quellen sind:

- Sich eine Alternative schön gucken – denn es muss ja schnell eine Lösung her. Beispiel: Ein besserer Bewerber war leider nicht vorhanden.
- Die eigene Intuition und Urteilsfähigkeit überschätzen – das passiert vor allem bisher erfolgreichen Entscheidern, wenn sie sich auf ihnen unbekanntes Terrain begeben.
- Es so machen, wie man es immer gemacht hat bzw. wie es alle anderen machen (Herdenverhalten).

Wenn Sie bei Entscheidungen Ihre besten Mitarbeiter einbeziehen und deren Sicht ernst nehmen, dann ist das schon ein guter „Basisschutz" gegen Denkfehler!

Nicht alles selber entscheiden

Nicht alles sollen Sie selber entscheiden. Ist für das Thema eine bestimmte Mitarbeiterin oder ein Mitarbeiter verantwortlich? Dann soll die oder der auch die Entscheidung treffen bzw. eine Entscheidungsvorlage für Sie erstellen (siehe auch Kapitel 11: „Loslassen können").

Praxisaufgabe

Identifizieren Sie eine anstehende Entscheidung, die in Ihrer Verantwortung liegt.

- Welche Bedeutung hat die Entscheidung für Mitarbeiter, Kunden und sonstige Betroffene?
- Welche Auswirkungen hat es auf diese Personen, dass diese Entscheidung noch nicht getroffen wurde?
- Mit welchen Auswirkungen ist für die Zukunft zu rechnen, solange die Entscheidung offenbleibt?

Es ist kein Fehler, zur Klärung dieser Fragen mit einigen Betroffenen selber zu sprechen.

Sobald Sie sich Ihrer Einschätzung sicher sind, legen Sie fest, bis wann Sie die Entscheidung getroffen haben wollen. Anschließend planen Sie in diesem Zeitrahmen die erforderlichen Schritte für den Entscheidungsprozess. Informieren Sie auch die am Prozess Beteiligten und von der Entscheidung Betroffenen über Ihr geplantes Vorgehen.

Sobald Sie die Entscheidung getroffen haben, schauen Sie zurück:

- Sind Sie mit dem Ablauf zufrieden?
- Haben sich Ihre Einschätzungen bestätigt?
- Welches Feedback hat die Entscheidung erzielt?
- Gibt es Punkte, die Sie beim nächsten Mal anders angehen werden?

Beziehen Sie Mitarbeiterinnen und Mitarbeiter bei Entscheidungen ein

Es ist unbedingt ratsam, Mitarbeiterinnen und Mitarbeiter bei Entscheidungen einzubeziehen. Das gilt ganz besonders für Ihre motivierten und leistungsstarken Profis.

Mitarbeiter, die eine Entscheidung mit erarbeitet haben, sind involviert. Die Entscheidung ist ihr „Baby" und sie sind stark motiviert, auf dem selbst entworfenen Weg zum Erfolg zu kommen.

Alle Mitarbeiterinnen und Mitarbeiter, denen Sie vor einer Entscheidung Gehör geschenkt haben, sind Teil des Entscheidungsprozesses geworden. Es fällt ihnen leichter, auch eine Entscheidung mitzutragen, die nicht ihren eigenen Vorstellungen entspricht.

Mitarbeiter, die nicht involviert sind und eine Entscheidung, die ihre eigenen Aufgaben betrifft, mitgeteilt bekommen, sind „Betroffene". Betroffenheit ist ein Demotivator. Die Mitarbeiterinnen und Mitarbeiter erleben sich nicht als Akteure, sondern als passive Objekte von Entscheidungen anderer. Diese Erfahrung ist für eigenes Engagement am Arbeitsplatz wenig anregend.

Wenn es um die Unternehmensstrategie geht, um die Reaktion auf Marktveränderungen und ähnliche „große" Themen im Unternehmen, müssen individuelle Sichten und Belange zurücktreten. Das ist nicht schwer zu akzeptieren. Aber bei der Gestaltung der persönlichen Arbeitsaufgaben ist die Einbeziehung der Mitarbeiterinnen und Mitarbeiter alternativlos.

Einbeziehen von fähigen und motivierten Mitarbeiterinnen und Mitarbeitern (Profis)

Profis beziehen Sie frühzeitig ein. Fragen Sie die Kolleginnen und Kollegen persönlich nach Ihrer Erfahrung und Meinung zum Thema. Nutzen Sie diese wertvolle Ressource für die Entwicklung Ihrer eigenen Zielvorstellungen und Pläne.

Sie können auch mit mehreren Profis ein strukturiertes Meeting durchführen, um Entscheidungsalternativen zu erarbeiten und zu vergleichen. Verzichten Sie bei solchen Terminen auf die Anwesenheit von Anfängern (Können gering, aber Wollen hoch), Erfolglosen (Können und Wollen gering) und Demotivierten (Können hoch, aber Wollen gering). Das kostet nur Zeit und Nerven.

Einbeziehen von Anfängern

Wenn die Entscheidung gefallen ist, informieren Sie Anfänger über einige Hintergründe der Entscheidung. Was versprechen Sie sich davon? Welche Erfahrungen sind vorausgegangen, die eine Entscheidung erforderlich machten? Geben Sie den Anfängern das nötige Orientierungswissen, um die Entwicklung zu verstehen.

Sprechen Sie mit den Anfängern über die Auswirkungen auf ihre eigene Tätigkeit. Unterstützen Sie die Mitarbeiter durch detaillierte Hinweise dabei, sich in den neuen Gegebenheiten zurecht zu finden.

Einbeziehen von erfolglosen oder unmotivierten Mitarbeiterinnen und Mitarbeitern

Wenn eine Entscheidung erhebliche Auswirkungen hat auf deren Tätigkeit hat, dann müssen Sie auch diese Mitarbeiterinnen und Mitarbeiter mit einbeziehen. Das Vorgehen wird aber einen anderen Charakter haben. Natürlich können auch von diesen Mitarbeitern berechtigte Einwände kommen, auf die Sie dann eingehen werden. In der Regel werden aber sachlich relevante Einwände bei frühzeitiger Einbeziehung bereits durch die Profis artikuliert, so dass für Sie wenig Neues zu erwarten ist.

Da Veränderungen, kleine wie große, mit Anpassungsanstrengungen verbunden sind, werden Sie bei den motivationsschwachen Mitarbeiterinnen und Mitarbeitern auf Widerstände stoßen, die darauf zielen, die entsprechende Anstrengung zu vermeiden, zu verringern und hinauszuzögern. Ihr Ziel ist es, diese Widerstände zu überwinden, den unmotivierten Mitarbeiterinnen und Mitarbeitern die Ausreden zu nehmen und sie davon zu überzeugen, dass die getroffene Entscheidung unabwendbar ist.

Das ist erheblich einfacher, wenn Sie Ihre Profis auf Ihrer Seite haben, Das ist ein weiterer Grund, sich bei Entscheidungen zunächst auf die Zusammenarbeit mit den Profis zu konzentrieren.

Wann Sie das Team entscheiden lassen

Bei Themen, die alle Ihre Mitarbeiterinnen und Mitarbeiter betreffen, können Sie unter bestimmten Voraussetzungen eine Lösung im Team erarbeiten lassen. Die Vorteile liegen auf der Hand:

- Die Mitarbeiter stehen inhaltlich hinter der Lösung.
- Sie sind sich darin einig.
- Und sie sind motiviert, die Lösung umzusetzen.

Was will man mehr?

Das hier sind die Voraussetzungen:

- Das Team ist inhaltlich kompetent genug, eine brauchbare Lösung zu erkennen und anspruchsvoll genug, um eine unbrauchbare Lösung zu verwerfen.
- Das Team ist methodisch kompetent genug, eine brauchbare Lösung zu erarbeiten.
- Das Team ist als Gruppe hinreichend kooperationsfähig, um die vorhandenen individuellen Kompetenzen gemeinsam nutzen zu können.

Wenn diese Voraussetzungen nicht gegeben sind, dann lassen Sie es lieber. Es wäre nur frustrierend für alle, wenn Sie sich gezwungen sähen, den Vorschlag Ihres Teams als unzureichend zurückzuweisen.

Praxisaufgabe

Identifizieren Sie eine anstehende Entscheidung, bei der es mehr als eine gut begründbare Alternative gibt. Nun suchen Sie sich drei fähige und motivierte Mitarbeiterinnen und Mitarbeiter, die in der Angelegenheit sachkundig sind. Bitten Sie die zu einem gemeinsamen Gesprächstermin zu dem Thema. Nennen Sie in der Einladung das Thema und bitten Sie die Kollegen, Sie mit ihrem Fach- und Geschäftswissen bei der Entscheidung zu beraten. Hören Sie den Meinungen der Kolleginnen und Kollegen aktiv zu, bedanken Sie sich für den Rat und beenden Sie das Meeting zum planmäßigen Zeitpunkt. In der Regel werden Sie sowohl in der Sache als auch betreffend die Wahrnehmungen Ihrer Mitarbeiterinnen und Mitarbeiter etwas dazugelernt haben und es wird Ihnen leichter fallen, die richtige Entscheidung zu treffen. Gleichzeitig haben Sie die drei Mitarbeiterinnen und Mitarbeiter in den Entscheidungsprozess mit eingebunden, wie immer Ihre Entscheidung letztlich ausfällt.

Stehen Sie zu Ihren Entscheidungen

Auf einem alten Segelschiff dauert ein Wendemanöver zwischen 15 und 45 Minuten. In der Zeit verliert das Schiff an Fahrt, die Besatzung ist mit dem Manöver beschäftigt und kann sich um nichts Anderes kümmern. Wenn der Windjammer dann auf dem neuen Kurs ist, muss er erstmal wieder Fahrt aufnehmen. Deshalb bemühen sich Kapitän und Steuermann, möglichst lange und präzise auf einem Kurs zu segeln und mit möglichst wenigen Kursänderungen ihr Ziel zu erreichen. Sie überlegen sich einige wenige Wendepunkte, an denen ein Wendemanöver fällig wird. Wenn im Verlauf kleinere Kurs-Korrekturen erforderlich werden sollten, können die an den Wendepunkten mit erledigt werden. Ein gut gesteuertes Schiff hinterlässt eine schnurgerade Kiellinie im Wasser hinter sich, wie auf dem Foto gegenüber. Ein schlecht gesteuerter Kahn dagegen verrät sich durch die Zick-Zack-Linie im Wasser.

So ähnlich ist es auch in einer Organisation. Entscheidungen, die die Tätigkeit der Mitarbeiterinnen und Mitarbeiter betreffen, sind wie Wendemanöver auf dem Windjammer. Sie erfordern Energie in der Vorbereitung und Durchführung und kosten Fahrt. Unerfahrene Führungskräfte glauben oft, wenn sie nur immer flexibel bleiben und schnell reagieren, dann wird alles gut. Aber das stimmt nicht. Flexibilität wird schnell zur Ausrede für Unbeständigkeit und geringe Entscheidungs-qualität. Wer die Kosten der Flexibilität nüchtern im Auge hat, der macht es wie der Windjammer-Kapitän: Mit möglichst wenig Kurswechseln zum Ziel.

Wenn eine Entscheidung getroffen wurde, möchten sich Ihre Mitarbeiterinnen und Mitarbeiter darauf verlassen können, dass sie Bestand hat. Denn sie bauen ja darauf bei ihren Planungen und Projekten. Mitarbeiter erwarten das einfach. Insofern werden Sie mit diesem Verhalten nicht viel zusätzliche Motivation verbreiten. Die Sache verhält sich umgekehrt: Wenn Sie ständig Ihre Entscheidungen umwerfen, dann zwingen sie die Mitarbeiterinnen und Mitarbeiter, alle betroffenen Planungen noch einmal anzufassen, was zusätzliche Arbeit und Kosten verursacht. Wenige Chefverhaltensweisen sind so geeignet, Profis zu demotivieren und ihnen die Achtung vor der Führungskraft zu nehmen.

Was ist, wenn eine Entscheidung sich als falsch erweist?

Manche Entscheidung erweist sich im Nachhinein als Fehler und oft kann man noch Nachbessern. Soll man da nicht besser offen bleiben für so eine Möglichkeit, statt stur auf einer einmal getroffenen Entscheidung zu beharren?

Die Kunst ist es, innerlich offen zu bleiben für Kritik und Zweifel, ohne es sich nach außen anmerken zu lassen. Nach außen machen Sie deutlich: Wer Ihre Entscheidungen hinterfragen möchte, muss gute Argumente haben. Mit Schlaumeiereien geben Sie sich nicht ab. Eine einmal getroffene Entscheidung zu revidieren, kostet die mentale Energie ihrer Mitarbeiterinnen und Mitarbeiter und meist auch Zeit und

Geld. Der Nutzen einer Neuentscheidung muss also schon erheblich sein, um überhaupt darüber nachzudenken.

Wenn Sie mit diesem Thema etwas zu schaffen haben, dann fragen Sie sich bitte: „Wo ist mein nächster Wendepunkt?" Und wenn Sie den gefunden haben, dann stellen Sie sich den Kapitän auf dem alten Segelschiff bildlich vor: Blick voraus, Haar im Wind hält er Kurs bis zum nächsten Wendepunkt, komme was wolle.

Intervenieren Sie, wenn Mitarbeiterinnen und Mitarbeiter etwas ganz verkehrt angehen

Wenn eine Mitarbeiterin oder ein Mitarbeiter eine wichtige Aufgabe ganz verkehrt angeht, so dass es wirklich nicht gut werden kann, dann schreiten Sie unverzüglich ein. Erklären Sie unmissverständlich, dass es so nicht geht. Und dann zeigen Sie Ihre positiven Erwartungen auf, wie im Kapitel 6: „Kommunizieren Sie Ihre Erwartungen" dargestellt.

Wer duldet, legitimiert!

Wenn Sie Fehlentwicklungen dulden, glauben die Mitarbeiterinnen und Mitarbeiter, dass das so in Ordnung ist. Wenn Sie später daran noch etwas ändern wollen, wird man Ihnen entgegenhalten: „Das haben wir doch immer so gemacht!" Sie benötigen dann deutlich mehr Führungsenergie für eine Veränderung, als wenn Sie gleich eingeschritten wären. Nach einiger Zeit der Duldung sind Sie in den Augen aller, die es besser wissen, Teil des Problems. Lassen Sie es soweit nicht kommen!

Ihr konkretes Führungsverhalten

Sie haben ein Verhalten oder Vorgehen einer Mitarbeitern oder eines Mitarbeiters wahrgenommen, das droht, erhebliche Nachteile oder Gefahren auszulösen.

- Sprechen Sie umgehend selber mit dem oder den betreffenden Mitarbeitern, idealerweise von Angesicht zu Angesicht. Verzichten Sie in diesem Moment auf Email-Kommunikation. Vermeiden Sie auch, dass Nichtbetroffene viel mitbekommen.
- Zeigen Sie den betreffenden Mitarbeiterinnen und Mitarbeitern im Gespräch auf, dass das von Ihnen beobachtete Vorgehen bzw. Verhalten aus betrieblicher Sicht nicht akzeptabel ist. Begründen Sie diese Sicht sachlich. Treten Sie ruhig und sehr bestimmt auf. Machen Sie deutlich, dass Ihnen diese Angelegenheit wichtig ist und Sie von Ihrer Haltung keine Abstriche machen werden. Fragen Sie zu diesem Zeitpunkt nicht, *warum* die Mitarbeiterin oder der Mitarbeiter so verkehrt an die Sache herangegangen sind. (Sie haben doch keine Zeit, sich sinnlose Rechtfertigungen anzuhören, oder?) Vergewissern Sie sich danach, dass die Kollegin bzw. der Kollege Sie verstanden hat.
- Auf sachlich motivierte Einwände der Mitarbeiterinnen und Mitarbeiter gehen Sie ebenso sachlich ein. Bei Ausreden machen Sie deutlich, dass

Sie sich nicht mir Ausreden abwimmeln lassen, ohne in diesem Moment inhaltlich groß darauf einzugehen.

- Zeigen Sie im zweiten Teil des Gesprächs den betreffenden Mitarbeiterinnen und Mitarbeitern auf, was Sie stattdessen positiv erwarten (siehe Kapitel 6: „Kommunizieren Sie Ihre Erwartungen an Ihre Mitarbeiter").

- Wenn das Gespräch erfolgreich gelaufen ist und die Mitarbeiter Ihre positiven Erwartungen akzeptiert haben, *dann* können Sie noch mal zurückschauen: „Wie sind Sie eigentlich auf die Idee gekommen, das so zu versuchen?" Die Antwort kann Ihnen nützliche Hinweise bringen.

Unbeteiligte außen vorlassen

Sprechen Sie gezielt mit den Mitarbeiterinnen und Mitarbeitern, die es angeht, und nur mit denen. Lassen Sie nicht zu, dass Nichtbetroffene sich angesprochen fühlen oder gar einmischen. In manchen Firmen werden ganze Regelwerke erlassen oder mahnende Worte in große Runden gesprochen, nur weil es die zuständigen Führungskräfte nicht fertigbringen, mit den ganz wenigen Mitarbeiterinnen und Mitarbeitern mal zu sprechen, die sich unpassende Dinge herausnehmen. Für alle anderen ist das doppelt frustrierend. Sie fragen sich: „Warum sagt man mir das – wie soll ich das verstehen?" Garantiert fühlen sich die Falschen angesprochen! Und sie sind frustriert zu sehen, dass die Führungskräfte nicht für alle im Team die gleichen Regeln durchsetzen.

Konflikten nicht ausweichen

Wenn Mitarbeiterinnen oder Mitarbeiter glauben, es fachlich besser zu wissen, oder Ihre Weisungskompetenz nicht akzeptieren wollen, haben Sie einen Konflikt. Wenn die Sache wichtig ist – und nur dann ist eine Intervention angebracht - dann dürfen Sie jetzt nicht ausweichen. Denn das wäre sowohl in der Sache als auch in Bezug auf Ihre Durchsetzungsfähigkeit die falsche Botschaft. Bei einer Intervention dürfen Sie bei Bedarf auch zur förmlichen Anweisung greifen, wenn es sein muss, sogar schriftlich. Manche eigensinnigen Mitarbeiterinnen und Mitarbeiter werden dann sogar ganz bereitwillig, weil sie sich durch Ihre Anweisung von der fachlichen Verantwortung entlastet fühlen.

Praxisaufgabe

Warten Sie geduldig auf die nächste Gelegenheit zur Intervention. Wenn es soweit ist, dann bitten Sie den Betreffenden zum Gespräch.

Bereiten Sie sich vor:
- Ist es zweifelsfrei, dass diese Person das nicht akzeptable Verhalten gezeigt hat? Können Sie das belegen?
- Aus welchen Gründen können Sie und das Unternehmen dieses Verhalten nicht akzeptieren kann?
- Was erwarten Sie stattdessen in einer vergleichbaren Situation (in positiver Handlungssprache)?
- Wie werden Sie das Gespräch eröffnen?

Anschließend bewerten Sie für sich den Gesprächsverlauf:

- Wie ist Ihnen die Gesprächseröffnung gelungen?
- Hat der Mitarbeiter Ihre Kritik und Ihre positiven Erwartungen verstanden?
- Wie gut ist es Ihnen gelungen, Einwände zu beantworten?
- Gab es Ausredeversuche? Wenn ja, konnten Sie die zurückweisen?
- Hat die Mitarbeiterin bzw. der Mitarbeiter eine Verhaltensänderung zugesichert?
- Was ist Ihre Prognose: Wird der Mitarbeiter sein Verhalten ändern?
- Was werden Sie beim nächsten Gespräch anders machen?

Lassen Sie los

Viele Führungskräfte haben das Gefühl, dass die Zeit für ihre Aufgaben nicht reicht. Auch die Empfehlungen in diesem Buch benötigen ein klein wenig zusätzliche Zeit für Führung. Woher aber die Zeit nehmen? Machen Sie nichts, was Ihre Mitarbeiterinnen und Mitarbeiter genauso gut machen können. Konzentrieren Sie sich auf die Dinge, die nur Sie beitragen können. Das wird Ihnen die zeitlichen Spielräume verschaffen, die Sie benötigen, um sofort besser zu führen.

Führungskräfte sind keine Edelsachbearbeiter

Wenn Sie den Job Ihrer Mitarbeiterinnen und Mitarbeiter machen, wer macht dann in der Zwischenzeit Ihren Job? Wenn Ihre Mitarbeiterinnen und Mitarbeiter faktisch keine Führungskraft, weil die sich als Edelsachbearbeiter verwirklicht, dann wird es zu negativen Folgen kommen. Warten Sie nicht darauf!

Herausforderung „Loslassen"

Die Herausforderung heißt „Loslassen". Was ist daran so schwierig? Sie sind Führungskraft geworden, weil Sie in der Vergangenheit etwas richtiggemacht haben. Die fachlichen Fähigkeiten und Erfolge haben Ihnen Anerkennung und Selbstbewusstsein vermittelt. Und nun, als Führungskraft, sollen Sie die bewährten Erfolgsrezepte der Arbeitsebene nicht mehr einsetzen? Das wird zunächst oft als verunsichernd erlebt. Es hilft aber nichts, da müssen Sie durch! Als Führungskraft werden Sie daran gemessen, ob Ihr ganzes Team einen guten Job macht hat. Welche fachliche Leistung Sie ganz persönlich dazu beigetragen haben, ist unerheblich.

Als frischgebackene Führungskraft schnell durchstarten

Wenn Sie neu in Ihre erste Führungsaufgabe kommen, müssen Sie die alten Aufgaben schnell und konsequent loswerden. Man wird Sie festzuhalten suchen: „Ich weiß, dass Sie jetzt eine neue Führungsaufgabe haben, aber Sie haben dieses Projekt damals begonnen und bis es fertig ist, brauche ich Ihre Mitwirkung." Oder man wird Sie mit Schmeicheleien in Versuchung führen: „Frau XY, Sie können das doch so gut, für Sie ist das doch eine Kleinigkeit!" Nicht alles werden Sie abschmettern können, aber nehmen Sie den Kampf auf! Entscheidend ist, dass Sie die alten Aufgaben schnell loswerden, um Ihre Zeit und Energie der neuen Führungsaufgabe zu widmen. Denn die erfordert Ihre ganze Kraft, da dürfen Sie sicher sein!

Rückdelegation vermeiden

Immer dann, wenn Mitarbeiterinnen und Mitarbeiter mit Problemen aus ihrem eigenen Aufgabenbereich zu Ihnen kommen, wird am Ende des Gesprächs jemand mit neuen Aufgaben aus dem Gespräch gehen. Dieser Jemand sollten nur ganz selten Sie sein. Mitarbeiterinnen und Mitarbeiter sollen im Bedarfsfall bei Ihnen Rat und emotionale Unterstützung finden. Aber die Arbeit sollen sie danach bitte selber machen.

Praxisaufgabe

Notieren Sie sich eine Woche lang am Arbeitsplatz, welche Aufgaben Sie gerade erledigen. Notieren Sie den zeitlichen Umfang jeder Aufgabe und bewerten Sie, ob es sich um eine Führungsaufgabe handelt, oder um eine Aufgabe, die auch ein eine Mitarbeiterinnen oder ein Mitarbeiter erledigen könnte.
Immer wenn Sie eine Aufgabe gefunden haben, die auch ein Mitarbeiter erledigen könnte, überlegen Sie sich, wie Sie es erreichen können, dass dies in der Zukunft geschieht.

- Wer ist die oder der richtige für diese Aufgabe?
- Wie werden Sie der Person das vermitteln?

Notieren Sie Ihre Lösungsideen!

Nach einer Woche werden Sie eine Menge Erkenntnisse und Ideen gesammelt haben. Machen Sie daraus einen Plan, mit dem Sie sich den nötigen Freiraum verschaffen, um als Führungskraft erfolgreich zu agieren!

Reagieren Sie konstruktiv bei Fehlern

Wer arbeitet, macht Fehler. Wer viel arbeitet, macht viele Fehler. Wer dabei mitdenkt und aktiv unternehmerisch denkt und handelt, wird auch dabei Fehler machen. Fehler gehören also irgendwie dazu und für die Motivation der Mitarbeiterinnen und Mitarbeiter und ihren Mut, aktiv mitzudenken, ist es wichtig, dass sie sich darauf verlassen könne, dass die direkte Führungskraft ihnen nicht gleich den Kopf abreißt, wenn sie mal danebengelegen haben.

Suche nach dem Schuldigen als Ersatzhandlung für Problemlösungen

In manchen Unternehmen wird bei Fehlern unverzüglich der Schuldige gesucht. Die Mitarbeiterinnen und Mitarbeiter sind dann hektisch damit beschäftigt, sich zu rechtfertigen und mit dem Finger auf andere zu zeigen. Das ist schlecht für das Arbeitsklima. Vor allem aber ist es schlecht für das eigentliche Problem, um das sich niemand kümmert und das weiter eskaliert.

In solchen Unternehmen grassiert die Angst, Fehler zuzugeben. Das führt dazu, dass Fehler vertuscht und Probleme erst spät erkannt werden. Oft ist die Lösung dann viel schwieriger und kostspieliger. Die Abstrafung der „Schuldigen" verbrennt Motivationskapital bei den Betroffenen. Und alle übrigen Beteiligten lehnen sich erleichtert zurück und lernen nicht viel dazu.

Priorität 1 bei Fehlern: Retten, was zu retten ist

Bei Fehlern lenken Sie die Aufmerksamkeit der Mitarbeiterinnen und Mitarbeiter sofort auf die Suche nach einer schnell umsetzbaren Lösung. Das wird bei einem fortgeschrittenen Problem vielleicht nur noch eine Aktion zur Vermeidung von Folgeschäden sein. In jedem Fall gilt es, weiteren Schaden zu verhindern und zu retten, was zu retten ist.

Erst wenn die Lösung gefunden und das Nötigste veranlasst ist, werten Sie die Situation mit den Mitarbeiterinnen und Mitarbeitern aus:

- „Wie konnte das passieren?"
- „Auf welche Weise können wir das in Zukunft vermeiden?"
- „Was werden Sie tun, damit der Fehler nicht wieder auftritt?"

Auf Schuldzuweisungen verzichten Sie dabei konsequent. Sie wissen doch: Irren ist menschlich und wer viel macht, macht viele Fehler. Wichtig ist, dabei zu lernen und die notwendigen Konsequenzen zur Fehlervermeidung in der Zukunft zu ziehen.

Praxisaufgabe

Ihre konstruktive und lösungsorientierte Einstellung zu Fehlern können Sie Ihren Mitarbeiterinnen und Mitarbeitern auch ohne große Eskalation demonstrieren:

- Nutzen Sie einen kleineren Fehler eines Mitarbeiters, um den sachlichen Umgang damit einzuüben.
- Sie können bei passender Gelegenheit einen eigenen Fehler zugeben.

Der entscheidende Moment ist aber, wenn ein richtig ärgerlicher Fehler passiert. Mit Ihrer Reaktion prägen Sie die Fehlerkultur in Ihrem Verantwortungsbereich!

Führen Sie starke Mitarbeiterinnen und Mitarbeiter mit Fragen

Leistungsfähige und motivierte Mitarbeiterinnen und Mitarbeiter wollen in der täglichen Arbeit ihre Fähigkeiten einsetzen und dabei Erfolge erleben. Der so erfahrene Erfolg wirkt motivierend für weitere Anstrengungen und das Streben, sich wachsenden Herausforderungen zu stellen. Um eine solche positive Entwicklungsdynamik freizusetzen, müssen starke Mitarbeiter im Arbeitsprozess Raum bekommen. Die drückt sich auch in der Führungskommunikation aus. Starke Mitarbeiterinnen und Mitarbeiter werden vor allem über Fragen geführt und nur in seltenen Ausnahmefällen mit Anweisungen.

Mikromanagement demotiviert Profis

Wenn eine Führungskraft in den Verantwortungsbereich eines starken Mitarbeiters häufig „hineinregiert", dann ist die unausgesprochene Botschaft: „Eigenständige Entscheidungen traue ich Ihnen nicht zu." Das führt zu Motivationsverlust. Außerdem wird die Mitarbeiterin bzw. der Mitarbeiter sich mit der von der Führungskraft getroffenen Entscheidung nicht identifizieren und ist weniger motiviert, sie erfolgreich umzusetzen. Die Führungskraft gewinnt dann den Eindruck, in der Umsetzung selber hinter allem her sein zu müssen, was zu einem sich selbst verstärkenden Problemkreislauf führen kann.

Wann mit Fragen führen?

Praktisch die gesamte Führungskommunikation mit starken Mitarbeiterinnen und Mitarbeitern ist betroffen, beispielsweise:

- Delegation einer Aufgabe
- Statusmeetings („Jour fixe")
- Teammeetings
- Eskalation eines Problems

Rollenverteilung beim Führen über Fragen

Als Führungskraft müssen Sie den Mut finden, den Mitarbeiterinnen und Mitarbeitern etwas zuzutrauen und dabei auch mal begrenzte Risiken eingehen. Sie müssen auch die Geduld aufbringen, nach den Ideen der Mitarbeiter zu fragen und ihnen zuzuhören. Beides wird in der Regel reich belohnt, was gelegentliche Enttäuschungen locker wettmacht.

Immer wenn Sie mit fähigen und motivierten Mitarbeiterinnen und Mitarbeiter über konkrete Arbeitsaufgaben sprechen, konzentrieren Sie sich darauf, die Antworten auf folgende Fragen zum Gespräch beizutragen:

- Was ist das Ziel aus Sicht der Gesamtorganisation und Ihrer Organisationseinheit bzw. des externen oder internen Kunden?
- Was ist die Herausforderung?
- Wie können und wollen Sie den Mitarbeiter bei der Aufgabe unterstützen?

Die Mitarbeiterin bzw. der Mitarbeiter beantwortet folgende Fragen, die Sie stellen:

- Wie werden Sie die Herausforderung lösen?
- Welche Ressourcen sind erforderlich?
- Welche Unterstützung wird benötigt von Ihnen oder dritter Seite?

Während der laufenden Arbeiten ist es darüber hinaus Aufgabe selbstorganisiert tätiger Mitarbeiterinnen und Mitarbeiter, diese Fragen zu beantworten:

- Wird das Ziel erreicht werden?
- Welche Schwierigkeiten sind aufgetreten und wie können sie beherrscht werden?
- Welche Risiken sind erkennbar? Wie wird mit denen verfahren?
- Welche Unterstützung wird noch benötigt?

Praxisaufgabe

Wann haben Sie das nächste Gespräch mit einem oder mehreren fähigen und motivierten Mitarbeiterinnen und Mitarbeitern?

- Bitten Sie den oder die Mitarbeiter vorab, sich zu dem Gesprächsthema Gedanken zu machen und mit Lösungsideen in das Meeting zu kommen.
- Zur Eröffnung des Meetings zeigen Sie auf, welchen Stellenwert das Thema hat und was Sie in dem Gespräch erreichen wollen.
- Dann bitten Sie den oder die Mitarbeiterinnen und Mitarbeiter, ihre Ideen vorzustellen.
- Hören Sie aktiv zu. Hinterfragen Sie wohlwollend, aber beharrlich alles, was Ihnen noch etwas ungenau vorkommt.
- Achten Sie bei mehreren Teilnehmern darauf, dass jeder zu Wort kommt.
- Regen Sie zu einer konstruktiv-kritischen Diskussion der Vorschläge an.
- Fassen Sie die Diskussionsergebnisse zusammen.
- Sagen Sie den Teilnehmern, inwieweit Ihre Ziele für den Termin erreicht wurden.
- Vereinbaren Sie gegebenenfalls nächste Schritte.
- Bedanken Sie sich bei den Teilnehmern für die Beiträge und die Diskussion.

Führen Sie erfolglose Mitarbeiterinnen und Mitarbeiter mit Vorgaben und Anweisungen

Mitarbeiterinnen und Mitarbeiter mit geringem Können und Wollen sind auf detaillierte, kleinschrittige Anweisungen angewiesen, da sie selber den Weg zum Ziel oft nicht beurteilen können und nicht in der Lage sind, Verantwortung zu übernehmen. Dies macht häufige, kurze Führungs-kommunikation erforderlich. Auf diese Weise werden Sie die besten Resultate erhalten, zu denen diese Mitarbeiterinnen und Mitarbeiter fähig sind. Versprechen Sie sich aber trotzdem nicht zu viel davon. Ein Nebeneffekt dieses Führungsverhaltens ist, dass die leistungsstarken Profis in Ihrem Team es schätzen werden. Diese Kollegen sind oft wenig angetan von der Leistungsschwäche der erfolglosen Kolleginnen und Kollegen, die sie im Alltag mit zusätzlichen Anstrengungen kompensieren müssen.

Warum erfolglose Mitarbeiter nicht mir Fragen führen?

Wenn man erfolglose Mitarbeiterinnen und Mitarbeiter behandelt, als wenn sie über ein professionelles Urteilsvermögen verfügten, verstärkt man die bei diesen Mitarbeitern fast immer anzutreffende Selbstüberschätzung. Außerdem erhält man inkompetente Vorschläge, die man dann ablehnen muss. Das kostet Energie und frustriert auch den erfolglosen Mitarbeiter unnötig.

Woran erkennen Sie erfolglose Mitarbeiterinnen und Mitarbeiter zuverlässig?

Es ist wichtig, die Zielgruppe dieses Führungsverhaltens richtig abzugrenzen und sicher zu sein, welcher Mitarbeiter ihr zuzurechnen ist:

Mit *erfolglosen Mitarbeiterinnen und Mitarbeitern* ist die Gruppe mit geringen Fähigkeiten *und* geringer Motivation gemeint. Es ist natürlich nicht auszuschließen, dass so ein Mitarbeiter auch mal einen Erfolg erzielt. In der Regel wird aber der Erfolg bei der so definierten Gruppe sehr zu wünschen übriglassen, weshalb die relativ neutrale Bezeichnung gut passt.

Wenn Sie sich bei einem bestimmten Mitarbeiter nicht sicher sind, hier ein paar Entscheidungshilfen.

Zu den Fähigkeiten:

- Beherrscht die Kollegin bzw. der Kollege alle wichtigen praktischen Tätigkeiten des Aufgabenbereichs?
- Können Sie dieser Person eine normale Arbeitsaufgabe verantwortlich anvertrauen?

Zur Motivation: Wie reagiert diese Person bei

- Herausforderungen aller Art
- Chancen, etwas Neues zu Lernen
- Veränderungen in der Arbeitsumgebung?

Die Antworten geben Ihnen einen deutlichen Hinweis, ob es sich um einen erfolglosen Mitarbeiter handelt.

Anfänger (= hochmotiviert bei geringem Können) dagegen werden ebenfalls direktiv geführt, aber mit mehr Investition von Zeit und Aufmerksamkeit.

Demotivierte Mitarbeiter, denen das Wollen fehlt, die aber könnten, wenn sie wollten, werden Sie zuerst versuchen, wieder für eine motivierte Mitarbeit zu gewinnen. Das ist eine anspruchsvolle Aufgabe, die hier nicht näher behandelt werden kann. Eine detaillierte Anleitung finden Sie in meinem Buch „Erfolgreiche Mitarbeitergespräche".

Erfolglose Mitarbeiterinnen und Mitarbeiter benutzen oft Ausreden

Eine Ausrede ist ein Einwand, der gar nicht oder mit einer unzutreffenden Behauptung begründet wird, um eine Anforderung abzuwehren. Erfolglose Mitarbeiterinnen und Mitarbeiter sind häufig Meister der Ausrede. So versuchen sie, Ihre direktive Ansprache zu unterlaufen.

Zu unterscheiden sind Ausreden vorab und nachträglich. Wenn Sie einer vorab vorgebrachten Ausrede nicht widersprochen haben, dürfen Sie sicher sein, dass die Leistung nicht wie erforderlich erbracht wird. Sie müssen also die Ausrede sofort entkräften und deutlich machen, dass Sie sie nicht akzeptieren werden. Bei einer nachträglich vorgebrachten Ausrede muss Ihnen klar sein, dass es nicht nur um den Einzelfall geht. Eine Ausrede, die Sie heute akzeptieren, wird Ihnen morgen wieder begegnen. Also ist es besser, die Sache gleich zu klären!

Um Ausreden zu „knacken", müssen Sie sich zwischen drei Vorgehensweisen entscheiden:

Alternative 1: Ausreden inhaltlich ad absurdum führen

Manchmal ist es angebracht, die Ausrede inhaltlich zu nehmen und die Unsinnigkeit aufzuzeigen.

Beispiel: Die in vielen Bereichen wachsenden und für die Mitarbeiter zweifellos lästigen Dokumentationserfordernisse werden gerne über ein realistisches Maß aufgebauscht und als Ausreden für Leistungsmängel angeführt, die eigentlich ganz andere Gründe haben. Wollen Sie hier einsteigen, dann klären Sie, wie lange der Mitarbeiter tatsächlich für die zusätzliche Dokumentation benötigt. Dafür können Sie sich zum Beispiel daneben stellen und auf die Uhr schauen. Dann lassen Sie den Mitarbeiter ausrechnen, wie viel Prozent seiner Arbeitszeit durch die zusätzlichen Erfordernisse beansprucht wird. Das Vorgehen gibt Ihnen, wenn erforderlich, auch die Sicherheit im Urteil, ob hier nicht am Ende tatsächlich ein stichhaltiger Einwand vorliegt. Auch erfolglose Mitarbeiter haben manchmal Recht! Sofern es aber einfach um das Aufbauschen von realen, aber zu meisternden Anforderungen geht, fassen Sie dieses Ergebnis klar zusammen. Das ist für den Mitarbeiter dann etwas peinlich und das soll es auch sein. Ihre Mitarbeiter sollen wissen, dass Sie sich nicht auf den Arm nehmen lassen!

Alternative zwei: Ausrede abschmettern

Die andere Vorgehensweise ist die, dass Sie die Ausrede ohne inhaltliche Begründung ablehnen. Stattdessen machen Sie deutlich, dass Sie nicht bereit sind
- über Kinderkram zu diskutieren oder
- Aspekte, die nun einmal zum Job gehören, als besondere Herausforderung zu bewerten oder
- auf professionelle Standards zu verzichten

Suchen Sie sich einen dieser Punkte aus oder verwenden Sie eine ähnliche pauschale Begründung Ihrer Wahl!

Alternative drei: Das Motiv hinter der Ausrede aufspüren und beantworten

Hinter jeder Ausrede steckt ein Motiv, dass die Person aber nicht aussprechen möchte. Sie können sie dazu auffordern, genau das zu tun: „Was wollen Sie denn erreichen? Reden Sie bitte Klartext mit mir, wenn Sie möchten, dass ich auf Sie eingehe!" Sie können auch das Motiv durch aktives Fragen ergründen, zum Beispiel:
- „Ist Ihnen das zu mühsam?"
- „Haben Sie das noch nie gemacht?"

In einigen Fällen werden die Motive sich dann klären, und je nach Lage gehen Sie darauf ein. In anderen Fällen werden die Mitarbeiterinnen und Mitarbeiter die Motive aus gutem Grund für sich behalten und ihre Ausreden aufgeben.

Vermeiden Sie unbedingt, mit erfolglosen Mitarbeiterinnen und Mitarbeiter über die Ursachen von aufgetretenen Mängeln diskutieren. Wie viel Zeit haben Sie, um sich Ausreden anzuhören? Was soll dabei rauskommen? Orientieren klipp und klar auf die als Nächstes anstehenden kleinen Schritte.

Praxisaufgabe

Bitten Sie eine erfolglose Mitarbeiterin oder Mitarbeiter zum Gespräch. Erklären Sie, dass Sie mit ihr bzw. ihm häufiger als bisher kurze Gespräche über die anstehenden Aufgaben führen wollen. Zeigen Sie auf, dass es Ihr Ziel ist, die Mitarbeiterin bzw. den Mitarbeiter auf diese Weise zu unterstützen, die Aufgaben erfolgreicher zu erledigen.

Kommen Sie dann auf die anstehenden Aufgaben zu sprechen. Erklären Sie, was Sie erwarten (vgl. Kapitel 6: „Kommunizieren Sie Ihre Erwartungen") und in welcher Weise Sie über den erzielten Erfolg informiert werden möchten. Kündigen Sie an, dass Sie beim nächsten Gespräch die Resultate bilanzieren werden. Vergewissern Sie sich., dass Sie richtig verstanden wurden und beenden Sie das Gespräch.

Zur Vorbereitung für das Folgegespräch sichten Sie die Resultate der der Mitarbeiterin bzw. dem Mitarbeiter aufgetragenen Aktivitäten, soweit bekannt und bereiten die nächsten Arbeitsaufträge vor. Das Gespräch selber beginnen Sie mit einer kurzen Auswertung der erzielten Resultate. Beschränken Sie sich auf die nüchterne Feststellung der Fakten. Lassen Sie keine Ausreden zu. Verzichten Sie auch bei Mängeln erstmal auf Kritik und setzen stattdessen einen neuen Zeitrahmen für die nicht abgeschlossene Aufgabe. Wenn die Aufgaben abgeschlossen wurden, erkennen Sie das an und teilen Sie der Mitarbeiterin bzw. dem Mitarbeiter neue kurzfristige Aufgaben zu. Vergewissern Sie sich, dass Ihre Erwartungen richtig aufgenommen wurden und beenden Sie das Gespräch.

Beobachten Sie bei diesem Vorgehen Ihre Erlebnisse:
- Kommt es zu Verbesserungen?
- Stellen Sie die erzielten Verbesserungen bereits zufrieden?
- Erleben Sie Ausreden? Wenn ja, wie kommen Sie damit klar?
- Wie gut gelingt es Ihnen, diese dichte Führung zeiteffizient in Ihren Tagesablauf zu integrieren?

Identifizieren Sie so die offenen Herausforderungen Ihres eigenen Führungsverhaltens und arbeiten Sie daran! Nach kurzer Zeit werden Sie erste Routine gewonnen haben. Dann können Sie dazu übergehen, weitere erfolglose Mitarbeiterinnen und Mitarbeiter dicht zu führen.

Gestalten Sie die Probezeit positiv

Was ist gemeint? Die maximal sechsmonatige Probezeit ermöglicht es in Deutschland (in Österreich ist nur ein Monat zulässig, in der Schweiz maximal drei Monate) dem Arbeitgeber in dieser Frist ohne Angabe von Gründen zu kündigen. Eine solche Kündigung ist ein Eingeständnis, dass man sich geirrt hat bzw. es in der Probezeit nicht geschafft hat, zueinander zu finden. Auch aus Arbeitgebersicht ist eine gescheiterte Probezeit ein Misserfolg, der Aufwand und Folgekosten nach sich zieht. Die Probezeit positiv gestalten muss deshalb zu allererst heißen, Mitarbeiterinnen und Mitarbeiter zu unterstützen, die Probezeit erfolgreich zu absolvieren. Wenn das scheitert, dann weiß man, dass es nichts wird und soll sich rechtzeitig trennen.

Woher kommen die vielen erfolglosen Mitarbeiterinnen und Mitarbeiter?

In vielen Unternehmen gibt es eine beträchtliche Anzahl erfolgloser Mitarbeiterinnen und Mitarbeiter. Häufig haben diese Kollegen tatsächlich „schwach angefangen und dann stark nachgelassen", wie es so heißt. Der schwache Anfang wurde vom Unternehmen, sprich: der betreffenden Führungskraft, hingenommen und damit akzeptiert. Die Kündigungsmöglichkeit in der Probezeit wurde meist gar nicht erst in Erwägung gezogen. Damit sind dann auch die Voraussetzungen geschaffen für ein anschließendes „starkes Nachlassen", das ebenfalls vom Unternehmen hingenommen wurde. Aus arbeitsrechtlicher Sicht ist den betreffenden

Mitarbeiterinnen und Mitarbeiter kein Vorwurf zu machen, da der Arbeitgeber eine defizitäre Leistung als akzeptabel behandelt hat. Das Arbeitsrecht hat u.a. die Aufgabe, den Arbeitnehmer vor einem unfairen nachträglichen Sinneswandel des Arbeitgebers zu schützen.

Hätte man all diese Leute besser in der Probezeit kündigen sollen? Vermutlich wäre das für den Betrieb besser als es jetzt ist. Viel besser ist es jedoch, wenn man gleich in der Probezeit einen realistischen Leistungsaustausch erarbeitet. Dann hat man eine nützliche Kollegin bzw. Kollegen gewonnen und braucht sich über Kündigung keine Gedanken machen. Dies erfordert Aufmerksamkeit und eine rechtzeitige Investition in die Beziehung mit neuen Mitarbeiterinnen und Mitarbeiter.

Wie Sie neue Mitarbeiterinnen und Mitarbeiter erfolgreich begleiten

Legen Sie anlässlich der Stellenbeschreibung fest, welche Fähigkeiten einzustellende Bewerberinnen und Bewerber vor Ende der Probezeit beherrschen soll. Legen Sie auch fest, an welchen Punkten Sie das Engagement messen werden und was Sie erwarten. Schreiben Sie diese Dinge für sich auf und teilen Sie die Punkte Rahmen des Bewerbungsverfahrens aktiv mit. Fragen Sie die Bewerberin bzw. den Bewerber, ob diese Anforderungen akzeptiert werden. Bewerberinnen und Bewerber, die die Bewerbung aufrecht halten, haben Ihre Anforderungen akzeptiert. Allein durch diese Maßnahme haben Sie sich einiges an später möglichen Diskussionen erspart und die Messlatte verbindlich festgelegt.

Am ersten Arbeitstag einer neuen Mitarbeiterin oder Mitarbeiters führen Sie ein Orientierungsgespräch. Im Rahmen des Gesprächs beziehen Sie sich auf dieselben Ziele, die Sie bereits im Bewerbungsgespräch angesprochen hatten. Nun gilt es, einen Plan zu machen, wie die neue Kollegin bzw. der Kollege sich die entsprechenden Fähigkeiten aneignet und unter Beweis stellt und auch das gewünschte Engagement zeigt.

- Legen Sie neuen Kolleginnen und Kollegen zusammen entsprechende Maßnahmen und Zieltermine fest.
- Legen Sie weiterhin fest, wie oft Sie mit über den erzielten Fortschritt sprechen werden. Einmal monatlich ist das Minimalprogramm, alle 14 Tage ist besser. Diese Gespräche können kurz sein.
- Wenn neue Mitarbeiterinnen und Mitarbeiter Fortschritte machen, erkennen Sie das an. Wenn sie sich abmühen, sprechen Sie ihnen Mut zu. Wenn sie Unterstützung brauchen, bieten Sie etwas Passendes an.
- Wenn neue der Mitarbeiterinnen und Mitarbeiter mit dem Plan in Verzug kommt, dann fordern Sie ein, dass verpasste Ziele rechtzeitig nachgeholt werden. Machen Sie es frühzeitig und unmissverständlich zum Problem der Mitarbeiterin bzw. des Mitarbeiters, wenn die vereinbarten Ziele in der Probezeit nicht erreicht werden.

Ein solches Vorgehen führt in der Regel dazu, dass die neuen Mitarbeiterinnen und Mitarbeiter tatsächlich einen guten Start hinlegen und schnell eingearbeitet sind.

Rechtzeitig eine Entscheidung treffen

Wer aber trotz Begleitung und Unterstützung nicht das erforderliche Wollen und Können an den Tag legt, von der oder dem sollten Sie sich vor Ablauf der Probezeit trennen. Bei dieser Entscheidung wird es Grenzfälle geben. Zu deren Beurteilung hier einige Hinweise:

- Bei gut motivierten Mitarbeiterinnen und Mitarbeitern werden die Fähigkeiten nach Ende der Probezeit weiter zunehmen.
- Bei schlecht motivierten Kolleginnen und Kollegen wird das nur begrenzt der Fall sein und es wird Führungsenergie von Ihnen dazu benötigt.
- Schon in der Probezeit schwach motivierte Mitarbeiterinnen und Mitarbeiter werden nach dem Ende der Probezeit nicht mehr, sondern weniger Motivation an den Tag legen.
- Alle „schlechten Angewohnheiten" die neue Mitarbeiterinnen und Mitarbeiter in der Probezeit nicht abgelegt haben, werden danach beibehalten und voraussichtlich ausgebaut werden.

Die Herausforderung bei diesem Vorgehen besteht darin, eine entsprechende Systematik zu entwickeln und konsequent durchzuhalten, auch wenn andere Anforderungen und Ereignisse Ihre Aufmerksamkeit erfordern. Aber die vorhersehbaren Früchte lohnen die Anstrengung. Es ist leichter, angenehmer und erfolgreicher, mit fähigen und motivierten Leuten zu arbeiten!

Erarbeiten Sie sich eine Vision für Ihren Verantwortungsbereich

Was ist eine Vision? Das ist eine durchdachte Vorstellung von einem anzustrebenden zukünftigen Zustand.

Menschen besitzen die Fähigkeit, Visionen zu teilen. Ja, Visionen wirken ausgesprochen magnetisch und einladend. Sie ermöglichen es vielen Menschen mit unterschiedlichen Fähigkeiten, eine gemeinsame Blickrichtung aufzunehmen und ihre Kräfte auf die Erreichung eines gemeinsamen Ziels auszurichten. So kann das einzelne menschliche Individuum zu einem Vorhaben beitragen, dessen Umfang über die eigenen Kräfte und dessen Bedeutung über die individuelle Existenz hinausragt.

Damit eine Vision handlungsleitend wirken kann, muss sie klar und durchdacht sein. Ist das gelungen, lassen sich die anfallenden Entscheidungen des Tagesgeschäfts vom Standpunkt des angestrebten Zielzustands, der Vision, beurteilen. Führungskräfte, die eine Vision haben, wissen wo sie hinwollen, folgen einer „Linie". Wer dagegen keine genaue Vorstellung hat, wo die Reise hingehen soll, wird mal hier hin und mal dorthin steuern.

Die Klarheit Ihrer Vision steigert aber nicht nur Ihre eigene Entscheidungsqualität. Visionäre Führungskräfte können einen Zielzustand imaginieren und in klarer und buchstäblich mitreißender Weise kommunizieren. Diese Fähigkeit nutzen sie auch im Einzelgespräch, um Unterstützung für Ihre Vision zu sammeln.

Eine klare Vision wirkt motivierend

Wenn Sie wissen, wo Sie hinwollen, können Sie das auch Ihren Mitarbeiterinnen und Mitarbeitern aufzeigen. Das steigert deren Motivation und ermächtigt sie, selber aktiv mitzuhelfen, die Dinge auf den richtigen Weg zu bringen. Aus der Vision lassen sich Ziele und Maßnahmen ableiten und führungstechnisch wie beim Führen über Ziele behandeln. Dabei ist Führung über Visionen für alle Beteiligten anspruchsvoller. Letzten Endes zählt nicht die Erreichung statischer individueller Ziele, sondern oberstes Bewertungskriterium ist der Beitrag zur Verwirklichung der Vision.

Was wollen Sie in den nächsten zwei bis drei Jahren in Ihrem Verantwortungsbereich erreichen?

In vielen Organisationen behält sich die oberste Führung die Erarbeitung einer Vision vor. Das ist schade, braucht Sie aber nicht wirklich zu stören. Natürlich wird die Vision der Gesamtorganisation von den dafür zuständigen Leuten erarbeitet. In Zeiten beständigen Wandels brauchen Sie auch als „Feld-Wald-und-Wiesen-Führungskraft" irgendwo in der Hierarchie eine Vision, also eine Vorstellung davon, wo Sie mit

Ihrem Verantwortungsbereich hinwollen. Die sollte selbstverständlich mit der Vision der Gesamtorganisation kompatibel sein. Wenn also Ihre Entscheider-Ebene meint, die Vision gepachtet zu haben, dann verwenden Sie besser ein anderes Wort. Aber hören Sie nicht auf, darüber nachzudenken, was in Ihrem Verantwortungsbereich geschieht.

Visionäre Führungskräfte zeigen die nachfolgend dargestellten Verhaltensweisen. Sie können Sie sich eine nach der anderen systematisch aneignen.

- Sie erarbeiten sich eine realistische Vorstellung, wie Ihr Verantwortungsbereich im Umfeld wahr-genommen wird. Sie kennen die Stärken und Schwächen Ihren Mitarbeiterinnen und Mitarbeiter, Sie kennen die betrieblichen Abläufe nicht nur in der Innensicht, sondern wissen auch, was „draußen" rüberkommt und welche Wirkungen ausgelöst werden.
- Sie denken oft darüber nach, welche Chancen und Gefahren sich ihrem Bereich bieten. Sie ziehen aktiv Erkundigungen ein, um ihr Bild auf solide Füße zu stellen.
- Sie überlegen sich mögliche Ziele für den Bereich, um Chancen zu nutzen und Gefahren zu meiden. Sie diskutieren häufig und gerne mit ihren besten Mitarbeiterinnen und Mitarbeitern, mit Kunden, Fachkollegen und Beratern diese möglichen Ziele.
- Sie erproben als attraktiv erkannte Ziele in vorsichtigen Schritten („Pilotierung")

- Sie werben innerhalb und außerhalb des Unternehmens um die nötige Unterstützung der Betroffenen für größere Vorhaben.
- Sie setzen anspruchsvolle Ziele schließlich um.

Es geht also darum, die Auseinandersetzung mit der Zukunft zu einem Teil Ihres Jobs zu machen. Konzentrieren Sie sich dabei auf Ihre

- Leistungsempfänger (externe und interne Kunden, Patienten usw.)
- Mitarbeiterinnen und Mitarbeiter
- Produkte oder Dienstleistungen
- internen Abläufe
- sowie die Kompatibilität mit der Unternehmensvision und den sonstigen Interessen Ihrer Shareholder.

Praxisaufgabe:

Beantworten Sie die folgenden Fragen. Notieren Sie sich Ihre Lösung. Dort, wo Sie keine Antwort haben, machen Sie ein großes Fragezeichen. Gehen Sie den Fragezeichen in den nächsten Wochen nach!

- Welche Verbesserungen der in Ihrem Verantwortungsbereich erstellten Produkte oder Dienstleistungen wollen Sie erzielen, die von Ihren Leistungsabnehmern (externe und interne Kunden,

Patienten, Lernende usw.) als vorteilhaft erlebt
würden?

- Welche Leistungsabnehmer wollen Sie in Zukunft bedienen?
- Sehen Sie Chancen, mit dem Leistungsvermögen Ihres Verantwortungsbereichs neue Zielgruppen zu erschließen?
- Macht es Sinn, sich auf bestimmte Bedürfnisse Ihrer bisherigen Zielgruppen zu fokussieren?
- Wie wollen Sie Ihre Botschaft der Zielgruppe vermitteln?
- Welche Verbesserungen wünschen Sie sich in Bezug auf die Mitarbeiterinnen und Mitarbeiter? Anzahl, Qualifikation, Motivation, Befähigungen, Arbeitszeiten und Entgeltregelungen – bedenken Sie, was wichtig ist, um den Erfolg zu gestalten.
- Welche Verbesserungen der Geschäftsprozesse wollen Sie erzielen? Prozessqualität, Materialverbrauch, Durchlauf- und Lieferzeiten, Personaleinsatzplanung, Risikomanagement – es gibt eine Menge Optimierungspotential.
- Welche zusätzlichen Vorteile wollen Sie Ihrer Gesamtorganisation erschließen? Gesteigerte Umsätze, Ergebnisbeiträge oder Kostensenkungen sind immer willkommen. Oft sind es aber auch bestimmte Qualitäten, die einen Unterscheid machen.
- Können Sie andere Teile Ihrer Organisation mit Ihrem Knowhow unterstützen? Welche sonstigen qualitativen Leistungen können Sie anbieten?

Nimm die Herausforderung an!

Mit dem Online-Kurs zum Buch!

- Der Kurs wird dich unterstützen, dich auf die je nächste Herausforderung zu fokussieren.
- Du profitierst vom Austausch und gemeinsamer Reflektion mit Lernpartnern mit gleichen Lernzielen.
- Du hast Gelegenheit zur Teilnahme an Gruppen-Coaching-Sessions mit erfahrenen Führungs-trainern.

Jetzt anmelden unter

sofort-besser-fuehren.de

Auch von Friedrich-Carl Saß und überall im Buchhandel erhältlich.